»Und mache es denen hiernächst Ankommenden
nicht so schwer...«

Frankfurt und die Fremden – eine Geschichte, so alt wie die Stadt selbst. Die Flüchtlinge aus Bosnien und anderswo sind heute nicht fremder, als es dermaleinst die Wanderburschen aus der Wetterau waren.

Der Autor schildert hier erstmalig die ebenso konfliktreiche wie für die städtische Entwicklung ausschlaggebende Geschichte der Frankfurter Einwanderung. Seit dem Mittelalter haben zuziehende deutschsprachige Christen und Juden sowie ab 1550 auch wallonische und flämische Calvinisten die Stadt geformt. Diese Gruppen waren lange Zeit von unterschiedlicher Kultur und rechtlich-ökonomischem Status. Sie blieben sich fremd und lebten alles andere als friedlich zusammen. Die Zuwanderungsschübe der Industrialisierung sowie die brutale Rassen- und Kriegspolitik der Nazis veränderten dann »Alt«-Frankfurt von Grund auf, bis schließlich in den letzten 30 Jahren die Arbeitsimmigration vor allem aus den Mittelmeerländern und die Internationalisierung der Finanzwelt das »neue« Frankfurt zum Inbegriff moderner Multikulturalität gemacht haben.

Ernst Karpf, geb. 1949, Dr. phil., lebt als freier Redakteur und Publizist in Frankfurt am Main.

Ernst Karpf

»Und mache es denen hiernächst Ankommenden nicht so schwer...«

Kleine Geschichte der Zuwanderung nach Frankfurt am Main

Campus Verlag
Frankfurt/New York

Herausgegeben vom Amt für Multikulturelle Angelegenheiten der Stadt Frankfurt am Main

Bildnachweise

19: Institut für Stadtgeschichte, Frankfurt am Main – 34/35: Staatliche Galerie Moritzburg, Halle – 78 und 80: Historisches Museum, Frankfurt am Main – 105: Stadtarchiv, Frankfurt am Main – 122: © dpa – 125: © Wolfgang Haut – 127: © Barbara Klemm – 136: © George Reichardt

Die Deutsche Bibliothek – CIP-Einheitsaufnahme

Karpf, Ernst:
»Und mache es denen hiernächst Ankommenden nicht so schwer...« Kleine Geschichte der Zuwanderung nach Frankfurt am Main / Ernst Karpf. [Hrsg. vom Amt für Multikulturelle Angelegenheiten der Stadt Frankfurt am Main].
– Frankfurt/Main ; New York : Campus Verlag, 1993
ISBN 3-593-34934-5

Umschlaggestaltung: Atelier Warminski, Büdingen
Umschlagmotiv: Jakob Marell, Ansicht von Frankfurt
mit Kranz und Blumen (Historisches Museum, Frankfurt am Main)
Satz und Grafik, Ernst Karpf, Frankfurt am Main
Druck und Bindung: Pustet, Regensburg
Printed in Germany

Inhalt

Vorwort

Jedem, der in Frankfurt wohnt oder der Frankfurt ein wenig länger besucht hat, ist bewußt, daß in dieser Stadt Einwohner ganz unterschiedlicher nationaler Herkunft wohnen und miteinander auskommen. Über ein Viertel der Frankfurter Bevölkerung hat nicht die deutsche Staatsbürgerschaft – ja in einigen Stadtvierteln ist es gar mehr als die Hälfte. Das alles ist das Ergebnis einer inzwischen dreißigjährigen Einwanderungsgeschichte, in der Menschen aus dem Mittelmeerraum die dominierende Rolle spielen. Diese Situation bringt für alle Beteiligten ganz spezifische Probleme mit sich: solche der Verständigung, solche der rechtlichen und sozialen Situation, solche der Identitätsfindung und -behauptung und schließlich solche der politischen Kultur. Handlungsbedarf – wie der alte Begriff »Not« in der politischen Sprache nun ersetzt worden ist – besteht auf allen Ebenen, und doch gibt es nur wenig Klarheit über die Perspektiven, die die bisherige Einwanderung mit sich bringt und noch weniger über die Folgen, die ihre mögliche Fortsetzung oder Unterbindung haben werden.

Ein Blick zurück auf die Stadtgeschichte hat gegenüber der Zukunftsperspektive einen großen Vorteil: Man muß nicht einen Handlungsbedarf befriedigen, d. h. Entscheidungen von großer gesellschaftlicher Tragweite vorbereiten, sondern kann in Ruhe die Linien einer vergangenen und damit auch nicht änderbaren Entwicklung betrachten. Und doch entdeckt man in dieser Geschichte der Einwanderung, die bis in die Anfänge Frankfurts zurückreicht, immer wieder Phänomene, die uns unmittelbar an unsere Gegenwart erinnern und so aus einer zunächst fremden Richtung zu einem veränderten Nachdenken anregen können. Direkte Lehren, d. h. Anweisungen, wie wir die heutige Situation sehen müssen, können allerdings – entgegen einer weitverbreiteten Vorstellung – aus geschichtlichen Vergleichen sicherlich nicht gewonnen werden, weil es neben dem Vergleichbaren auch immer das Einzigartige und Besondere der historischen Situationen gegeben hat und wir deshalb auch heute nur selbst die Verantwortung für unser politisches Handeln tragen können. Die nachfolgende Darstellung möchte somit die Grundlage für eine historisch vertiefte Diskussion der Einwanderungsprobleme schaffen, ohne Rezepte für ihre politisch »richtige« Auffassung zu liefern.

Der Titel »Und mache es denen hiernächst Ankommenden nicht so schwer« ist aus einem Memorandum des 18. Jahrhunderts zitiert und fordert die Verantwortlichen der städtischen Politik zu einer liberalen, wohlwollenden Haltung gegenüber einwanderungswilligen Fremden auf. Zuwanderer und ihre Nachkommen werden, wenn sie eine andere Sprache, eine andere Religion und andere ökonomische Orientierungen haben, von den Einheimischen noch lange als »Fremde« wahrgenommen und in unterschiedlichem Maße und aus unterschiedlichen Bereichen ausgegrenzt, wie ein Blick in die entsprechenden historischen Quellen immer wieder zeigt. In diesem Sinne stehen besondere Probleme der Seßhaftwerdung häufig im Zusammenhang mit den Lebensbedingungen von kulturell-politisch definierten Minoritäten, und so muß diese kleine Geschichte der Einwanderung immer wieder auf deren Situation verweisen.

Es ist ein Handicap der meisten historischen Untersuchungen, daß ihre Quellen aus Archiven oder Bibliotheken eher Spannungen, Konflikte und gewaltsame Auseinandersetzungen dokumentieren als die unproblematischen, friedlichen und freundschaftlichen Verhältnisse zwischen den Menschen vergangener Zeiten. Und ein zweites ist, daß diese Quellen meist unter der bestimmten Perspektive einer Obrigkeit produziert und verwaltet wurden, der sich die wissenschaftliche Darstellung nur schwer entziehen kann. Beides gilt auch für dieses kleine Buch, und das um so mehr, als die Zeit für die Recherche bei weitem nicht ausreichte, um die Dinge noch einmal von Grund auf zu ermitteln, so daß sich die Darstellung in vielen Bereichen auf die Ergebnisse der bisherigen stadtgeschichtlichen Forschung verlassen muß. Deren Schwerpunkte, Lücken und Unklarheiten zeigen sich also notgedrungen auch hier unmittelbar wieder, so daß eine weiterführende Synthese nur in Ansätzen möglich sein wird. Und ein weiteres Handicap ist durch die eingeschränkte Vorbereitungszeit entstanden: Die Untersuchung beschränkt sich auf die Verhältnisse in Frankfurt und kann somit nicht mit Situationen in anderen Städten vergleichen. Daher mag manches als eine Besonderheit Frankfurts erscheinen, auch wenn es typisch für vergleichbare Orte ist.

Daß diese Studie entstehen konnte, verdanke ich in erster Linie Frau Rosi Wolf-Almanasreh, die als Leiterin des Amts für Multikulturelle Angelegenheiten der Stadt Frankfurt das Thema ins Gespräch gebracht und mir den Auftrag zu seiner Realisierung erteilt hat. Mein Dank gilt aber auch dem Institut für Stadtgeschichte, d. h. seinem Leiter Dr. Rebentisch und seinen Mitarbeitern, für ihre freundliche Unterstützung und kritische Anmerkungen, weiterhin dem Jüdischen Museum Frankfurt – in dessen Auftrag ich Recherchen unternommen habe, deren Ergebnisse in diese Darstellung mit eingeflossen sind –, sowie nicht zuletzt meiner Frau Regina, Fritz Backhaus, Eva Maria Blum, Claudia Cippitelli, Heike Drummer und Marianne Karpf, die mir durch kritische Lektüre, Hinweise und Anregungen sehr geholfen haben.

Frankfurt, Frühjahr 1993

Mittelalter

Vom Königshof zur Stadt

1994 feiert Frankfurt sein 1200jähriges Stadtjubiläum – und doch feiert man bei Licht betrachtet keinen Geburtstag und auch kein Gründungsjahr, sondern »nur« den frühesten schriftlichen Beweis seiner Existenz als Ort, an dem sich im Juni 794 unter dem Vorsitz des fränkischen Königs Karl eine große Gruppe bedeutender Personen versammelt hatte, um in kirchlichen und weltlichen Angelegenheiten zu beraten.

Frankfurt war damit nicht als Stadt geboren, auch wenn spätere Zeiten eine Gründung durch Karl den Großen suggerierten, weil einem Gebilde, das sich als »Stadt« versteht, eine heroische Geburtsstunde als mythischer Ausgangspunkt immer schon willkommen war. Die schriftliche Überlieferung bezeugt allein den Namen und die geographische Lage und läßt nur indirekte Schlüsse auf die Gestalt des »Franconofurd« genannten Ortes zu. Der kürzlich unter dem Dom freigelegte Begräbnisplatz eines jungen Mädchens, der von den Archäologen in die Jahre um 700 datiert wird, zeigt durch seinen reichen Grabschmuck an, daß hier bereits vor den Karolingern in merowingischer Zeit ein regionales Herrschaftszentrum existiert haben mußte.[1]

Herrschaftszentrum in jener Zeit bedeutete jedoch nicht viel mehr als ein größerer, befestigter Hof mit einem Haus und Kapelle, Ställen und Scheunen und in der Nachbarschaft eventuell ein Dorf mit seinen bäuerlichen Hütten. Auch der Ausbau Frankfurts zu einer Pfalz (um 820), die dann in unregelmäßigen Abständen von Kaisern und Königen samt ihrem Gefolge für eine begrenzte Zeit bewohnt wurde, änderte nichts Wesentliches an

1 Siehe FAZ, 28. 2. bzw. 7. 3. 92

diesem Zustand. So ist Frankfurt – anders als die aus römischer Zeit stammenden rheinischen Bischofsstädte Köln oder Mainz – in den ersten Jahrhunderten seiner Geschichte keine Stadt gewesen, sondern hat sich dazu erst allmählich entwickelt.

Das Leben in Frankfurt als Königspfalz bedeutete im Zeitalter der ständig im Lande reisenden Herrscher zweierlei: Gleichsam im Alltagsgeschäft nahmen eingesetzte Dienstleute in einem genau abgegrenzten regionalen Umland die königlichen Herrschaftsrechte wahr, d. h. sie sammelten im wesentlichen die Naturalabgaben der abhängigen Bauern, Fischer und Jäger ein. Waren jedoch der König oder Mitglieder seiner Familie anwesend, entfaltete sich hier ein Hofleben mit all seinen Elementen, so daß Frankfurt für Momente zum Mittelpunkt des großen fränkisch-deutschen Reiches wurde, das Herzöge und Bischöfe, Grafen und Äbte, schließlich Gesandte fremder Herrscher mit all ihrem Gefolge von ritterlichen Vasallen, bewaffneten Knechten, Köchen, Pferdeknechten, Spielleuten an sich zog. Aber es blieb dabei immer nur Haltepunkt eines stets durchreisenden Zentrums – wann und wie lange dies geschah, war für die Einwohner selten berechenbar und für ihr alltägliches Leben auch nur selten entscheidend.

Zudem veränderte sich der Charakter der Königsherrschaft und ihrer Bezüge zu Frankfurt in der Abfolge von Herrschern und Dynastien ganz entscheidend: Könige wie Ludwig der Deutsche und sein Sohn Ludwig der Jüngere wählten im 9. Jahrhundert die Pfalz neben Regensburg zu ihren Lieblingsresidenzen, auch andere Herrscher wie Otto I. im 10. Jahrhundert hielten hier wichtige Reichstage ab, während die salischen Könige und Kaiser im 11. und beginnenden 12. Jahrhundert den Ort fast vergessen zu haben schienen. Erst unter staufischer Herrschaft erfuhr Frankfurt im 12./13. Jahrhundert wieder mehr Interesse: Es fing nun an, Schauplatz vieler Königswahlen zu werden und spielte im Rahmen einer neuen königlichen Politik, die den großen Komplex des dem Königtum unmittelbar zugehörenden Landes nördlich und südlich des Mains reorganisierte, eine wichtige Rolle.[2]

---

2 Schalles-Fischer, Pfalz; Orth, Frankfurt, S. 9 ff., Schwind, Landvogtei

Als Folge dieser königlichen Aktivitäten sollte die Stadt in einem ganz anderen und entscheidend regelmäßigeren Sinne als in den Jahrhunderten zuvor zum Zentrum überregionaler Aktivitäten werden. Angefangen hatte dies allerdings ganz bescheiden und schon lange vor der Stauferzeit: Frankfurt wurde Marktort und begann damit, eine Stadt zu werden. Zunächst unterschied es sich damit nicht von vielen anderen regionalen Zentren, doch entwickelte sich aus den besonderen Markttagen im Spätsommer – um die Feier des Frankfurter Kirchenheiligen Bartholomäus herum – eine überregionale Messe. Entscheidend für deren späteren Erfolg war neben der besonders günstigen Lage der Stadt – durch Rhein und Main mit Flußschiffen gut zu erreichen – und neben dem Attraktivitätsverlust der zuvor dominierenden Messen in der französischen Champagne auch der königliche Schutz, der allen Kaufleute während der Messe und für ihre An- und Abfahrten garantiert war.

Mit der Etablierung der Herbstmesse und der später hinzukommenden Frühjahrsmesse[3] waren nun »Fremde in der Stadt« zu einem Thema geworden, das den Lebensrhythmus eines Großteils seiner Einwohner zu prägen begann. Doch bildeten die Messefremden (und die Fremden des durchziehenden Hofs) nur den auffälligsten Aspekt einer Situation, die auch in der städtischen Einwohnerschaft selbst eine entscheidende Rolle spielte. Wer war einheimisch, wer war (noch) fremd, welche Menschen bildeten »die Stadt«, zu welchen Loyalitäten waren sie verpflichtet, wer konnte über Zugehörigkeiten entscheiden und wie waren die Regeln dafür?

Solange Frankfurt nur Pfalzort war, lagen die Dinge relativ einfach: Über Zu- und Abzug abhängiger Bauern, Handwerker oder Kaufleute entschied der königliche Burgvogt. Zudem hatte der Herrscher das Recht, seine Dienstleute mit Bürgertöchtern zu verheiraten, konnte also noch tief in die soziale Zusammensetzung der Bevölkerung eingreifen. Erst im Jahre 1232 erreichte die Bürgergemeinde den königlichen Verzicht auf dieses Recht, und dies fiel nicht ohne Grund in eine Zeit, in der sich in Frankfurt die städtischen Lebensformen stärker zu entfalten

3 Zur Geschichte der Frankfurter Messe allgemein vgl. Koch (Hg.), Brücke

beginnen. Die Einwohnerschaft nahm deutlichere Konturen an: Aus königlicher Dienstmannschaft, Handwerkern und Händlern entstand eine Bürgergemeinde, die sich in christliche Mehrheit und jüdische Minderheit teilte, daneben gab es einige Häuser adliger Herren der Umgebung, und von alledem getrennt und doch als integraler Bestandteil der Stadt existierten kirchliche Institutionen wie das Bartholomäusstift, Klöster der Bettelmönche, schließlich selbständige Stadthöfe von Klöstern der Region, die als Anlaufpunkte bzw. Handelsumschlagspunkte dienten.[4]

Auch wenn uns die spärlichen zeitgenössischen Quellen darüber keine Einzelheiten mitteilen, kann man bereits für den größeren Teil des 12. und die erste Hälfte des 13. Jahrhunderts die Struktur der städtischen Bewohnerschaft als das Ergebnis einer vielfältigen Einwanderung beschreiben, die dem verstärkten Ausbau zum königlichen Regionalzentrum, der Entwicklung zum bedeutenden Messezentrum und der sprunghaften Erweiterung der kirchlichen Infrastruktur korrespondierte. In den Quellen treten uns als besonders mobile Gruppe jüdische Kaufleute und Geldhändler entgegen – und es ist sicherlich kein Zufall, daß die hebräisch geschriebene jüdische Überlieferung aus der Mitte des 12. Jahrhunderts den ersten Hinweis überhaupt auf die Frankfurter Messe enthält, dabei wie selbstverständlich die Anwesenheit von Juden in der Stadt voraussetzt und bei einer weitergehenden Interpretation des mehrdeutigen Wortlauts auch schon die Existenz einer festen jüdischen Gemeinde in der Stadt bezeugen kann. Der besonderen ökonomischen Bedeutung, die die vom christlichen Wucherverbot (d. h. vom Verbot, Geld gegen Zinsen auszuleihen) befreiten Juden im städtischen Leben hatten, entsprach ihre rechtliche Verankerung in der exklusiven Verantwortung des Königtums, dem sie in eben dieser Zeit als geschlossene Gruppe von sogenannten »Kammerknechten« zugeordnet wurden, was nichts anderes bedeutete, als daß sie für diese Zugehörigkeit mit hohen Abgaben

4 Orth, Frankfurt, S. 32ff.; dies., Freiheit; Schneidmüller, Pfalzstadt; Höfe hatten zum Beispiel die Zisterzienserklöster Arnsburg, Haina, Eberbach, das Antoniterkloster Roßdorf; als städtische Klöster gab es zum Beispiel: Weißfrauenkloster, Katherinenkloster, Karmeliterkloster, Dominikanerkloster

an die köngliche »Kammer«, sprich Finanzverwaltung, bezahlen mußten.[5]

Frankfurt als Ganzes zeigt sich somit bereits schon in der ersten Hälfte des 13. Jahrhunderts als ein Geflecht von Gruppen, die ihre Anwesenheit und Tätigkeit aus ganz unterschiedlichen Rechten ableiteten, was die gruppenübergreifenden Beziehungen entsprechend kompliziert gestaltete. Die Stadt konnte somit von Beginn an kein einheitliches soziales oder politisches Subjekt sein: Ihre innere Differenzierung und die mehr oder weniger effektiven Eingriffsmöglichkeiten von außerstädtischen Institutionen bewirkten Interessengegensätze und soziale Spannungen, die durch die politische Herrschaftsstruktur nicht immer ausgeglichen oder wenigstens unter Kontrolle gebracht werden konnten.

Juden als Minorität: Tod und Vertreibung

Einen ersten blutigen Höhepunkt bildete in diesem Zusammenhang der Überfall christlicher Stadtbewohner auf die jüdische Gemeinde im Jahre 1241. Diese war damals mit bereits über 200 Mitgliedern und einer weitgehend geschlossenen Siedlung in der Nähe des Doms eine wichtige Gruppe in einer städtischen Gesamtbevölkerung von maximal 5.000 Menschen. Als »erste Frankfurter Judenschlacht« sind die Ereignisse in die spätere Geschichtsschreibung eingegangen. Nicht etwa der Sog einer allgemeinen Welle von antijüdischen Pogromen war der entscheidende Auslöser – denn nichts Vergleichbares ereignete sich damals weit und breit –, sondern eine Diskussion über die Grenzen der Eigenständigkeit der Minderheit gegenüber den Interessen der Mehrheit: Ein junger Jude, so berichtet es eine zeitgenössische Quelle, hatte die Absicht, durch Taufe zum Christentum überzutreten. Die jüdische Gemeinde versuchte, ihn daran zu hindern, und es entwickelte sich daraus ein erbitterter Streit, der zwei Tage später in den Angriff der Christen

5 Kracauer, Geschichte der Juden I; siehe demnächst auch: Backhaus/Karpf/Lenarz, Dokumentation; Karpf, Pogrom

auf die zum Sabbat-Gebet in ihrer Synagoge versammelten Juden eskalierte. Die wenigen, die dem Gemetzel entgehen konnten, wurden von den Christen zwangsgetauft, womit das Ende der ersten jüdischen Gemeinde in Frankfurt besiegelt war.

Politisch-rechtlicher Hintergrund, auslösendes Moment und Verlauf des Pogroms zeigen sehr deutlich, wie in dieser mittelalterlichen städtischen Situation die Fremdheit zwischen der christlichen Mehrheit und der erheblich kleineren jüdischen Minderheit für diese zur existentiellen Katastrophe führte, wenn die übergeordnete Herrschaft die Einhaltung der rechtlichen Spielregeln nicht mehr garantieren konnte. Die Bewahrung der religiösen als Grundlage ihrer gesellschaftlichen Identität war für die Juden ebenso selbstverständlich wie ihre Infragestellung durch Christen, die immer mehr auf universelle Geltung ihres Glaubens pochten.

Kaiser Friedrich II. hatte gerade sechs Jahre zuvor den seiner Herrschaft unterworfenen Juden das Recht auf ihre sozial-religiöse Identität ausdrücklich bestätigt und entsprechend die rechtlichen Voraussetzungen für einen Übertritt zum Christentum sehr restriktiv definiert, um die mentale wie materielle Integrität der jüdischen Gemeinden zu schützen. Doch genau diese Garantie versagte, als sich in Frankfurt die Dinge so plötzlich zuspitzten, oder um die plausiblere Reihenfolge herzustellen: (unbestimmte) Teile der Frankfurter Bürgerschaft konnten den königlichen Judenschutz in dieser Eskalation leichteren Herzens mißachten, weil der seinen Vater nördlich der Alpen vertretende König Konrad IV. zu jenem Zeitpunkt verzweifelt um seine eigene Stellung kämpfen mußte.

Die jüdische Überlieferung, die die Zahl der Erschlagenen, Ertränkten und Verbrannten sehr genau in Erinnerung gehalten hat, läßt auf jeden Fall kein energisches Eingreifen der königlichen Burgbesatzung erkennen. Und auch als Jahre später der König in einer Urkunde die Ereignisse als schweres Unrecht beklagte, lag das Augenmerk auf dem materiellen Schaden, den er selbst dadurch erlitten hatte – doch um die Frankfurter nicht als Parteigänger in seinem eigenen Existenzkampf zu verlieren, verzieh er ihnen gnädig die Ermordung und Vertreibung der Juden, weil das »eher fahrlässig als willentlich« geschehen sei . . .[6]

Das katastrophale Ende dieser ersten jüdischen Einwanderung in die sich bildende Stadt Frankfurt zeigt Probleme auf, die sich bis heute wie ein roter Faden durch die Geschichte der Einwanderung ziehen. Selbstverständlich gibt es, um im Bilde zu bleiben, auch Fäden mit anderen Farben, die das Verhältnis von »Stadt« und »Immigration« bestimmen. Der blutrote Faden von gewaltsamer Abgrenzung und Ausgrenzung macht jedoch am unübersehbarsten auf die existentiellen Risiken aufmerksam, die unter den so verschiedenen historischen Bedingungen immer wieder entstehen, wenn freiwillige oder erzwungene Mobilität und die Notwendigkeit zur Gemeinschaftsbildung in einer Stadt zusammenkommen. Die jüdischen Bewohner Frankfurts waren von allen Gruppen diesen Risiken am stärksten ausgeliefert. Kaum mehr als einhundert Jahre dauerte es, bis auch die durch Einwanderung neu entstandene Gemeinde von etwa fünfundfünzig Menschen im Jahre 1349 das Schicksal ihrer Vorgängerin erleiden mußte. Diesmal nahmen sich einheimische und wahrscheinlich auch auswärtige Christen die Gemetzel zum Vorbild, denen unmittelbar vor dem Anrollen der großen Pestwelle bereits in vielen anderen Städten zahllose Juden zum Opfer gefallen waren.[7] Dies war zwar die letzte große kollektive Aktion gegen das Leben der in Frankfurt lebenden Juden vor dem Vernichtungsprogramm der Nationalsozialisten sechshundert Jahre später, doch blieb, wie noch im einzelnen zu zeigen sein wird, ihre Grundsituation stets prekär, da sie – wenn auch nicht immer für die Mehrheit der Christen, so doch wenigsten für bedeutende Gruppen unter ihnen – zum Inbegriff von verachteten und gefürchteten »anderen« geworden waren und dies, obwohl ihre Geschichte in der Stadt ebenso alt ist wie die ihrer christlichen Mitbewohner.

---

6 Schneidmüller, Pfalzstadt; Karpf, Pogrom; Schlüter, Judenschlacht

7 Heil, Vorgeschichte

Späteres Mittelalter: Zuwanderung und Ausgrenzung

Fremdheit und Einwanderung stehen also nicht in einem kausalen Zusammenhang: Einwanderung als solche sagt noch nichts über ihre Folgen aus. Es sind die Voraussetzungen, die Einwanderer mitbringen, und die Bedingungen, die ihnen am neuen Ort gestellt sind, die die jeweilige Geschichte dieser Gruppen oder Individuen bestimmen. Über all dies können für die bisher beschriebene Zeit keine genaueren Aussagen gemacht werden, weil uns die Überlieferung nur in den seltensten Fällen Einblick und Übersicht verschafft. Mit der Ausweitung der Schriftlichkeit als Kulturtechnik beginnt sich jedoch diese Überlieferung zu vervielfältigen und zu differenzieren: Entscheidungsträger und Entscheidungsgründe werden faßbarer, erste statistische Auswertungen zu Bevölkerungsveränderungen sind nun möglich, und schließlich wird erkennbar, welche grundlegenden politischen Spannungsverhältnisse die Stadt bewältigen mußte.[8] Das Verhältnis zum Kaiser stand dabei im Mittelpunkt: Nur er konnte die Weitergeltung der Messeprivilegien garantieren und war zugleich als unmittelbarer Schutzherr der Juden tief in innere Probleme der Stadt verstrickt. Obwohl die Stadt sich einerseits erfolgreich von den wichtigsten Elementen der kaiserlichen Stadtherrschaft emanzipieren konnte (durch den Erwerb verschiedener kaiserlicher Rechte wie das der Besetzung des Schultheißenamts und der Herrschaft über die Juden am Ort), mußte sie andererseits die herrscherliche Macht zugleich als wichtigen Rückhalt hofieren, um in den fortwährenden Auseinandersetzungen mit den umliegenden Territorialherren bestehen zu können.

Als entscheidendes politisch-administratives Gremium trat seit dem 14. Jahrhundert der städtische Rat immer mehr in den Vordergrund – ein Gremium, dessen zweiundvierzig Mitglieder sich in ihrer Mehrheit aus einer städtischen Oberschicht rekrutierten, die immer mehr patrizische Gestalt annahm. In der zweiten Hälfte des 14. Jahrhunderts wurde diese Herrschaftsstruktur perfekt: Die in selbständigen Zünften organisierten

8 Zum folgenden vor allem Bund, Frankfurt, S. 53 ff.

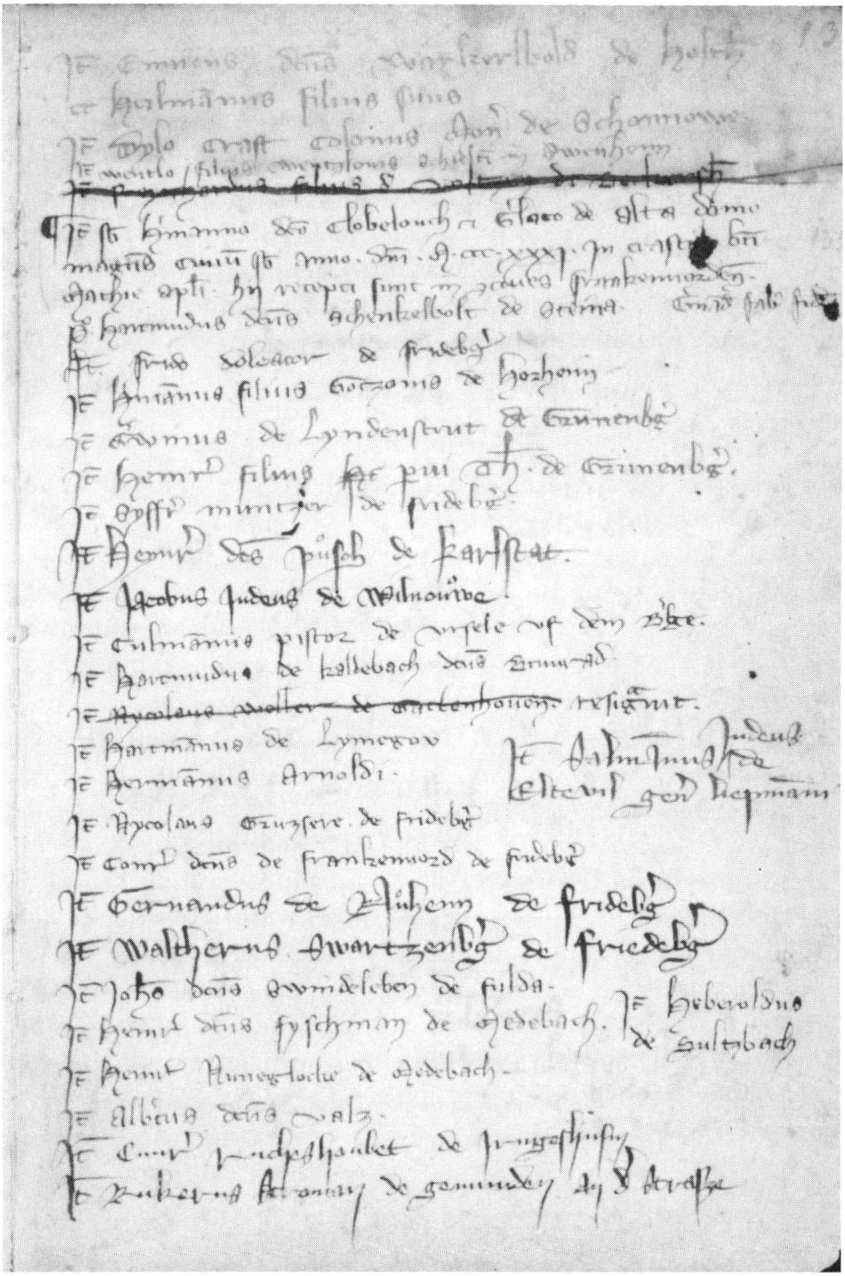

Seite aus dem Frankfurter Bürgerbuch mit Eintragungen aus dem Jahre 1331 (Abdruck bei Andernacht/Stamm, Bürgerbücher)

Handwerker und Kleinhändler unterlagen in einem ersten Verfassungsstreit dem vom Kaiser gestützten Patriziat (meist noch Fernhändler) und gerieten so weitgehend unter dessen Kontrolle. Doch auch der Charakter dieser Oberschicht ändert sich noch einmal: All seinen geburtsständischen Mängeln zum Trotz konnte sich ein eingewanderter Neubürger im Stadtregiment durchsetzen. Siegfried von Marburg, dessen Vater von Biedenkopf lahnabwärts nach Marburg gezogen war, kam, wie andere Söhne wohlhabender Marburger Familien auch, um 1350 nach Frankfurt.[9] Dort reüssierte er – nun nach seinem Wohnhaus auch Siegfried zum Paradies genannt – als Repräsentant einer durch Reichtum an die Macht gekommenen städtischen Elite, die sich im 16. Jahrhundert endgültig als eine Gruppe von Familien abschloß und für weitere zwei Jahrhunderte die politische Macht in Frankfurt ausüben konnte.[10]

Dieser gesellschaftlichen Dynamik an der Spitze der Stadt korrespondierte eine Bewegung, die die Einwohnerschaft insgesamt betraf. Da ab 1311 die städtische Verwaltung damit begann, diejenigen in ihre »Bürgerbücher« zu verzeichnen,[11] die als Neubürger in die Stadt aufgenommen wurden, können nun zu einem wichtigen Aspekt der Frankfurter Demographie Aussagen gemacht werden: über den Zuzug derer, die sich als Bürger einschreiben lassen konnten und wollten.[12] Geburten- und Sterbeziffern – die Basis jeder demographischen Betrachtung – sind für die christliche Einwohnerschaft allerdings erst ab 1533/1565 zu ermitteln, als der Verwalter des Allgemeinen Almosenkastens beauftragt wurde, die Kirchenbücher zu führen. Damit wurden bei einer zentralen städtischen Instanz, die die bisherige kirchliche Armenfürsorge abgelöst hatte, die Eintragung von Taufen bzw. Hochzeiten und ab 1565 auch die von Beerdigungen zusammengefaßt.[13]

---

9 Schunder, Reichsschultheißenamt, S. 49 ff.

10 Bund, Frankfurt, S. 91 ff.

11 Andernacht/Stamm, Bürgerbücher 1311-1400 und Andernacht/Berger, Bürgerbücher 1401-1470

12 Zum rechtlich-administrativen Bürgerbegriff im Spätmittelalter siehe Dilcher, Bürgerbegriff

13 Bücher, Bevölkerung, S. 52 ff.; Dietz, Handelsgeschichte I; Jütte, Armenfürsorge,

Und noch aus weiteren Gründen kann aus den Eintragungen in die Bürgerbücher nicht unmittelbar auf die Zusammensetzung der Bevölkerung geschlossen werden. Erstens finden sich nach dem Pogrom von 1349 in den Bürgerbüchern keine Eintragungen von Juden mehr, da für dieser Gruppe seitdem ein besonderer Status galt, der unten noch genauer zu erläutern ist. Und zweitens hatte die mit der Eintragung verbundene formale Verleihung des Bürgerrechts in der Praxis noch keine allzugroße Bedeutung, selbst wenn dem Rechtsverständnis des Stadtregiments nach alle ständigen christlichen Bewohner auch zur Bürgerschaft zählen und damit neben den Rechten vor allem die Pflichten eines Bürgers übernehmen sollten. Sonst ließe sich nicht erklären, warum nicht nur viele Bürgersöhne, die mit dem Eintritt in die Volljährigkeit bzw. bei der Familiengründung ihren Anspruch auf Aufnahme geltend machen konnten und sollten, sondern auch eine große Zahl von Zuwanderern bis in die Mitte des 15. Jahrhunderts auf den Status eines »gesessenen Bürgers« verzichteten. Anders als in späteren Phasen der Stadtgeschichte war also der Status des »Beisassen« oder »Mitwohners«, mit dem diese Menschen sich zeitweise oder auf Dauer begnügten, noch kaum mit Nachteilen verbunden, denn der Eintritt in eine Zunft stand ihnen in vielen Fällen auch gegen die offiziellen Vorschriften weiterhin frei.

Zwei allgemeine Volkszählungen, d. h. namentliche Verzeichnisse aller in Frankfurt ständig wohnenden über zwölf-. bzw. über vierzehnjährigen Männer aus den Jahren 1387[14] bzw. 1440 verschaffen uns aber auch Aufschluß über die Größe dieser Gruppe, ausgenommen von dieser Zählung blieben neben den Frauen allerdings Kleriker, Juden und alle die, die wie Handwerksgesellen, Dienstboten usw. nur vorübergehend in der Stadt lebten und ihr Aufenthaltsrecht nur wegen ihres Arbeitsverhältnisses hatten.

Trotz dieser Einschränkungen können wir für die Zeit bis 1500 eine erste Bilanz der Einwanderung ziehen. Einem Rückgang

S. 55 ff. Entsprechende Daten zur jüdischen Bevölkerung sind wegen der Zerstörung der Gemeindebücher durch die Brände in der Judengasse allerdings nicht zu ermitteln.

14 Ediert bei Andernacht/Stamm, Bürgerbücher, S. 151 ff.

Zuwanderung christlicher Bürger nach Frankfurt im 14./15. Jahrhundert

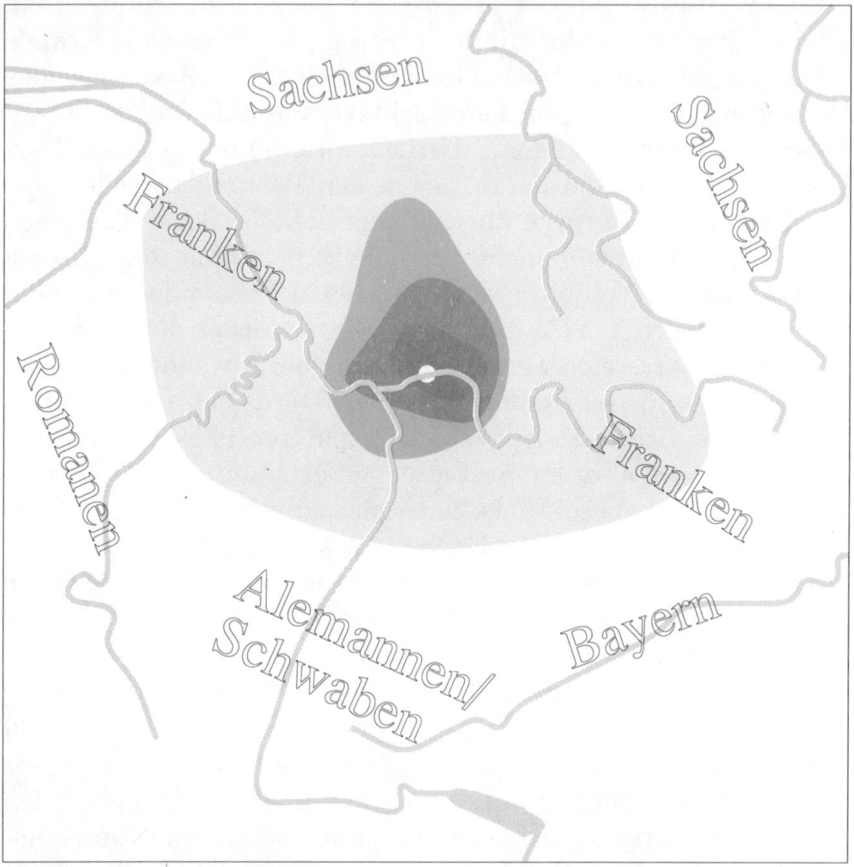

Zuwanderung aus dem Gebiet pro qkm

sehr stark — stark — mittel — gering — vereinzelt oder gar nicht

Vereinfachte Darstellung nach Zahlen von Bücher, Bevölkerung S. 457 f.

Herkunft der Zuwanderergruppen im 15. Jahrhundert

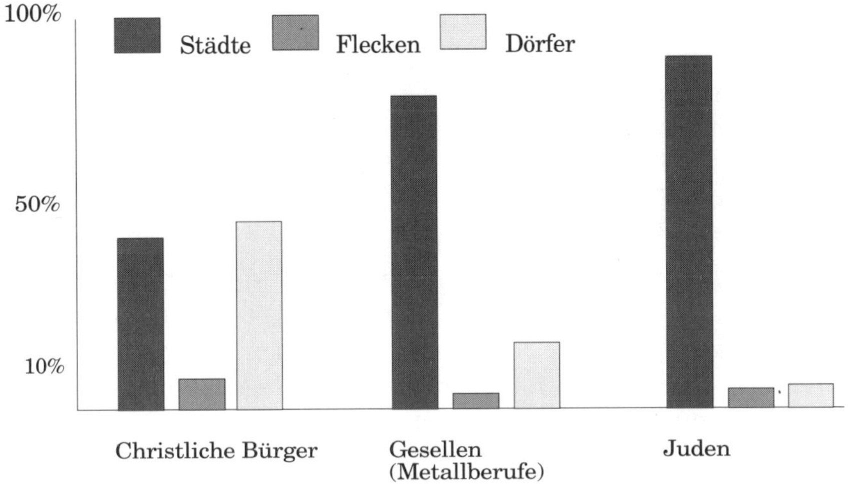

Nach Zahlen von Bücher, Bevölkerung, S. 651

der Bevölkerungszahl in der ersten Hälfte des 15. Jahrhunderts auf unter 9.000 folgt eine Steigerung etwa auf die alte Größe von ca. 10.000.[15] Im Verlauf des 14. und 15. Jahrhunderts sind 6.500 Einwanderer in die Bürgerbücher eingeschrieben worden. Schaut man nach den Herkunftsorten, so sind einige interessante Differenzierungen zu treffen: Die Einwanderung aus den Nah- (bis 15 km) und Mittelzonen (bis 75 km) überwog mit ca. 80% diejenige aus ferneren Gebieten bei weitem. Von allen eingewanderten Bürgern kamen ca. 56% aus Dörfern, ca. 8% aus kleinen Landstädten (Flecken) und 36% aus Städten. Geographisch gesehen lag das Haupteinzugsgebiet vor allem nördlich der Main-Rhein-Linie, in erster Linie die Wetterau mit angrenzenden Ge-

15 Bücher, Bevölkerung; etwas niedrigere Zahlen bei Jütte, Armenfürsorge, S. 60

genden. Sprachlich-kulturell gesehen hatte somit der Großteil der Einwanderer eine gemeinsame rheinfränkische Identität, wenn auch damals (und bis in unser Jahrhundert hinein) fast jeder Ort seinen abweichenden Dialekt sprach. Diese Zuwanderer aus dem heutigen Mittelhessen kamen, so scheint es, von vornherein in die Stadt, um dort zu bleiben.

Anders sahen die Verhältnisse dagegen bei einem Teil der wandernden Handwerksgesellen aus, einer Gruppe junger, lediger Männer, deren Anteil an der städtischen Bevölkerung auf etwa 20% geschätzt wird. Untersuchungen über die Herkunft der Gesellen in den wichtigen Metallberufen zeigen, daß sie zu 80% aus Städten stammten, die zu zwei Dritteln südlich des Mains liegen.[16]

Nur einige wenige dieser wandernden Gesellen siedelten sich dauerhaft in der Stadt an, der allergrößte Teil verließ sie wieder nach Ablauf der befristeten Arbeitsverhältnisse. Innerhalb der städtischen Gesellschaft blieben sie in der Regel Fremde, die sich unter ihresgleichen in Brüderschaften organisierten, ein Beziehungsgeflecht über das ganze Reich unterhielten und von der städtischen Obrigkeit und auch den eigenen Zunftmeistern stets mit mehr oder weniger verdecktem Mißtrauen betrachtet wurden: als eine Gruppe meist jüngerer Männer, ohne materiell oder emotional feste Bindungen in der Stadt, ihrem eigenen Moralkodex verpflichtet und schnell bereit, die eigenen Interessen auch mit Gewalt durchzusetzen oder zu verteidigen.

Ähnlich wie die Gesellen, d. h. deutlich anders als der Durchschnitt der sonstigen christlichen Zuwanderer, kamen auch – allerdings unter ganz anderen Bedingungen und mit anderen Absichten – die jüdischen Einwanderer überwiegend aus Städten und häufiger aus entfernteren Gebieten.[17] Zudem mußten sie von vornherein wohlhabender sein als ihre christlichen Schick-

16 Dazu Bücher, Die Bevölkerung , S. 602 ff. Viele Schmiede usw. kommen aus Nürnberg, einige sogar noch aus der Steiermark, die damals Zentren der Metallverarbeitung waren. Die kleine Gruppe der Bendergesellen in der Faßherstellung mit nur lokaler Bedeutung zeigt dagegen im 16. Jahrhundert eine Herkunftsverteilung, die weitgehend der der eingewanderten Bürger entspricht, siehe Wesoly, Lehrlinge, S. 276. Das Wanderverhalten richtet sich somit nach geographischen Schwerpunkten der jeweiligen Berufe.

17 Ebenda, S. 634 ff.

Schwerpunkte der Herkunft von Gesellen (Metallberufe), die im 14./15. Jahrhundert nach Frankfurt zugewandert sind

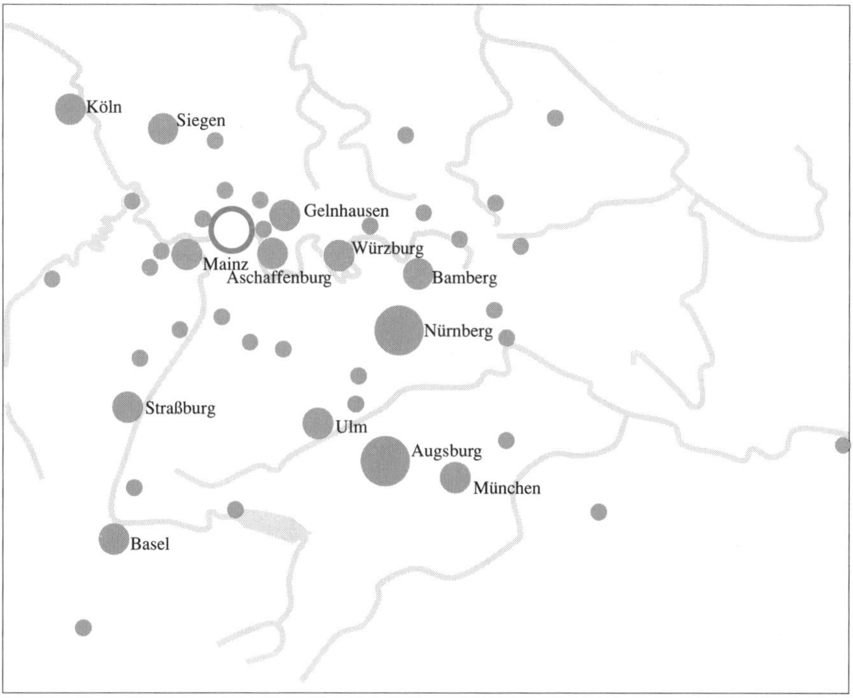

Städte, aus denen

● 40-100 Gesellen ● 21-40 Gesellen ● 9-21 Gesellen zugewandert sind

Nach Angaben von Bücher, Bevölkerung, S. 632 ff.

Zuwanderung von Juden nach Frankfurt im 14./15. Jahrhundert

Orte, aus denen

8 - 11 Familien 4 - 7 Familien 1 - 3 Familien eingewandert sind

Nach Angaben von Bücher, Bevölkerung, S. 591 ff.

salsgenossen,[18] denn das vorausgesetzte Minimalvermögen betrug einhundert Gulden, wozu noch die Belastungen durch jährlichen Hauszins und die periodische Erneuerung der Stättigkeit kamen. Die größere Mobilität dieser Gruppe läßt sich leicht erklären: Aufgrund der ihnen von der christlichen Mehrheit zugeschriebenen ökonomisch-sozialen Rolle als Geldhändler und der beständigen Gefährdung ihres Wohnrechts an den Orten, von denen man sie noch nicht vertrieben hatte, kurzum: ausgeliefert dem politisch-ökonomischen Kalkül jeder Herrschaft, in deren Machtbereich sie sich niedergelassen hatten, konnten sich die Existenzbedingungen jüdischer Familien in kürzester Zeit radikal ändern und den Umzug in eine andere Stadt nötig machen.

Daß dies auch die Frankfurter Juden betraf, zeigen nicht nur die Gemetzel von 1241 bzw. 1349 und das nach 1360 für die neu einwandernden Juden geltende Verbot, Grundstücke zu erwerben, sondern auch die Geschehnisse von 1412-24, als zunächst der Rat seine Steuerforderungen an die jüdische Gemeinde so hoch schraubte, daß der größte Teil der siebenundzwanzig Familien die Stadt verließen. Ob in den nächsten Jahren welche zurückkehrten oder neue hinzukamen, ist nicht bekannt. Die verbliebenen Familien jedenfalls zogen 1422 aus Frankfurt fort, weil sie eine nun königliche Sondersteuer nicht zu bezahlen gewillt waren und deswegen in »Reichsacht« kamen, also jeden obrigkeitlichen Schutz verloren, auf den sie doch stets so bitter angewiesen waren. Erst zwei Jahre später gab König Sigismund nach, und die Juden konnten zurückkehren. Ihre alte Größe von über fünfundzwanzig Familien sollte die Gemeinde allerdings erst am Ende des Jahrhunderts wieder erreicht haben.

Aus der Sicht der Frankfurter Stadtregierung erleichterten zwei außergewöhnliche Instrumentarien bereits im ausgehenden Mittelalter einen obrigkeitlichen Zugriff, dessen bürokratische Folgen uns für die Neuzeit dann einen kräftig sprudelnden Quell schriftlicher Dokumente beschert haben: Die in Frankfurt ansässigen Juden erhielten seit den 1360 beginnenden Neuansiedlungen immer nur ein zeitlich befristetes Wohnrecht, die sogenann-

---

18 Zum folgenden vgl. Backhaus, Einrichtung; Kracauer, Geschichte der Juden I; ders.; Geschichte der Judengasse; Backhaus/Karpf/Lenarz, Dokumentation

te Stättigkeit, die meist auf drei, bisweilen auch nur auf ein Jahr gewährt wurde und jedesmal neu bezahlt werden mußte. Und zweitens wurden die Frankfurter Juden im Jahre 1462 durch den Rat geschlossen aus ihren bisherigen, seit 1360 gemieteten Häusern südlich des Doms an den »Wollgraben«, einen schmalen Streifen jenseits der alten Stadtmauer (Staufermauer), umgesiedelt, zunächst in lockerer einzeiliger Bebauung, der mit der Vergrößerung der jüdischen Gemeinde bald die Gestalt einer beidseitig bebauten Gasse, der berühmt-berüchtigt engen »Judengasse«, annehmen sollte.

Die Vorgeschichte dieser obrigkeitlichen Gettoisierung, zeigt das ganze zeitgenössische Spektrum herrschaftlicher Politik gegenüber den Juden: Vertreibung, Gettoisierung oder Duldung des bisherigen Zustands. Man diskutierte bereits um 1430 im Rat die Möglichkeit, die Juden durch Nichtverlängerung ihrer Stättigkeit ganz aus der Stadt zu vertreiben, verwarf diese Pläne allerdings mehrheitlich wohl aus finanziellen Gesichtspunkten. So konzentrierte man sich auf die Möglichkeit einer geschlossenen Umsiedlung weg aus der christlichen Nachbarschaft. Der Rat erreichte 1442 vom Kaiser ein entsprechendes Mandat, das sie als Störer des christlichen Lebens – vor allem seiner sakralen Höhepunkte – definierte: ganz im Sinne einer vor über zweihundert Jahren mit dem Laterankonzil von 1215 begonnenen und nun von Nikolaus von Cues zugespitzten theologisch-kirchlichen Kampagne gegen die Existenz von Juden in der Mitte christlicher Gemeinschaften.[19]

Diesen Angriff auf ihre bisherige Position in der Stadt konnte die jüdische Gemeinde noch abwehren, mußte sich aber 1460 trotz heftigen Protests und guter Gegenargumente mit ihrer Umsiedlung abfinden und 1462 ihre neuen Häuser beziehen – Häuser, die Eigentum des Rats waren und gegen einen jährlichen Zins von ganz unterschiedlicher Höhe an die einzelnen Stättigkeitsinhaber vermietet wurden.

Mit dem Einzug in die Judengasse – später bisweilen einfach nur »die Gasse« genannt, was den außergewöhnlichen Charakter dieser Siedlung unterstreicht –, war die Separierung der Juden

---

19 Vgl. Battenberg, Zeitalter Bd. 1, S. 101 ff. und 157 ff.

von ihrer christlichen Nachbarschaft weitgehend perfekt: Die alte Stadtmauer auf der westlichen Seite, auf der östlichen eine neue hohe Mauer hin zur Allerheiligengasse, eine niedrigere hin zu den südlich angrenzenden Gärten, nachts verschlossene Tore am Anfang und Ende der Gasse und eine Pforte in der alten Stadtmauer am sogenannten Judenbrücklein über den alten Stadtgraben, strenge Bauvorschriften, die verhindern sollten, daß man aus den Fenstern auf die christliche Nachbarschaft blicken konnte – all dies sorgte für eine Ausgrenzung, deren rechtliche Bedingungen erst mit Beginn des 19. Jahrhunderts aufgehoben werden sollten. Der städtebauliche Ausschluß korrespondierte so perfekt den wirtschaftlichen, religiösen und sozialen Diskriminierungen, deren sichtbarstes Zeichen der gelbe Ring wurde, den nun auch in Frankfurt alle Juden außerhalb der Gasse an ihrer Kleidung sichtbar tragen mußten.

Neuzeit

Reformationszeiten

Die beiden für unser Verständnis wichtigsten Ereignisse des frühen 16. Jahrhunderts haben auch in Frankfurt große Veränderungen nach sich gezogen: die kirchliche Reformationsbewegung und der deutsche Bauernkrieg.[1] Obwohl die Stadt nur am Rande der 1524/25 ausgebrochenen Bauernbewegung lag, konnten die Ideen einer neuen Sozialordnung auch hier großen Einfluß gewinnen. Der neue reformatorische Glaube, der nach 1520 an Gestalt und Stärke gewann, war von der städtischen Bevölkerung längst favorisiert, wurde aber vom Rat nur zögernd unterstützt. Nun begannen sich die Aggressionen nicht mehr nur gegen den hinhaltend Widerstand leistenden katholischen Klerus, sondern auch gegen seine Verteidiger, die Stadtregierung, zu wenden. Die Handwerkszünfte als treibende Kraft der Neuerung schlossen sich im Frühjahr 1525 zu einer politischen Aktion gegen den katholischen Klerus, den patrizischen Rat, gegen Priviligierte überhaupt und besonders gegen die von Rat und Kaiser geschützten Juden zusammen, die nur mit Mühe vor tätlichen Angriffen bewahrt werden konnten. Die Zünfte hatten sich bewaffnet und bildeten einen Ausschuß, der ihre Forderungen in den »46 Artikeln« formulierte und Rat und Klerus zur Annahme zwingen konnte: unter anderem zur freien Pfarrerwahl, zur Einrichtung eines »gemeinen Almosenkastens« (zur Unterstützung von armen Bürgern, bedürftigen durchreisenden Fremden usw.), schließlich zu restriktiven Regelungen der jüdischen Geld- und Handelsaktivitäten.

---

1 Zum folgenden vor allem Jahns, Frankfurt S. 151 ff.

Doch die politische Macht dieser neuen Bewegung hielt nur etwa einen Monat, dann wurde wieder der Rat Herr der Stadt, ohne formal seine Zustimmung zu den Artikeln aufzukündigen. Nach dem endgültigen Aus für die aufständischen Bauern im militärischen Triumph der Fürstenkoalition ließ er sich von dieser nolens volens zur völligen Aufhebung zwingen und mußte alle betroffenen geistlichen und weltlichen Privilegien wiederherstellen. In einem wichtigen Punkte wurde das Rad jedoch nicht wieder zurückgedreht: Die Ratsherren beriefen zwei evangelische Prediger in die Stadt und mußten auf Druck der Bevölkerung dulden, daß ab 1526 für über zwanzig Jahre die katholische Pfarrstelle nicht wieder besetzt wurde. Die reformatorische Bewegung war also durch die Niederlage der Zünfte nicht gebrochen – nur die alten oligarchischen Machtverhältnisse in der Stadt wiederhergestellt.

Allerdings waren die Probleme der äußeren politischen Orientierung durch den Sieg über die Zünfte nicht geringer geworden: Die Bevölkerung einschließlich des Patriziats war Anhänger der Zwingli näher als Luther stehenden südwestdeutschen Spielart des neuen Glaubens. Vor allem wegen der wichtigen Beziehungen zum (katholisch gebliebenen) Kaiser konnte sich der Rat lange Zeit nicht zu einem offiziellen Umschwenken entschließen, entschied sich aber zu guter Letzt, das lutherische Bekenntnis anzunehmen: 1533 wurde der katholische Gottesdienst in der Stadt auch offiziell abgeschafft, drei Jahre später trat die Stadt dem Schmalkaldischen Bund bei, in dem sich Fürsten lutherischen Glaubens zur Durchsetzung ihrer Interessen gegen den Kaiser verbündet hatten. Das städtische Regiment trug dieser neuen Orientierung insofern Rechnung, als es die Position der lutherischen Prediger in der Stadt stärkte – ohne allerdings die Geistlichen zu vertreiben, die dem reformierten Bekenntnis näherstanden. Die bisherige Praxis in Liturgie und Theologie änderte sich also nur zögernd.[2]

Als es zwischen dem protestantischen Bündnis und der kaiserlichen Partei wegen der Reformationsfrage zum »Schmalkaldischen Krieg« kam, zeigte die Stadt wenig Standvermögen. Ei-

2 Haas, Reformation, S. 244 ff.

ner Belagerung durch kaiserliche Truppen ergab sie sich kampflos und mußte unter hohen Kosten eine gegnerische Einquartierung in Kauf nehmen. Der Sieg Kaiser Karls V. erzwang die Wiederzulassung des katholischen Gottesdienstes in der Stadt, die damit auf Dauer gemischtkonfessionell wurde und deshalb in der Folge Wahl- und meist auch Krönungsort der stets katholischen deutschen Kaiser bis zum Ende des alten Reiches werden konnte. Die endgültige Fixierung dieser Verhältnisse brachte 1555 der Augsburger Friede mit sich, in dem die katholischen und protestantisch/lutherischen Reichsstände (Kaiser, Fürsten, Reichsstädte, Herren) gegenseitig ihren Glauben anerkannten. Ausgeschlossen von dieser rechtlichen Gleichstellung blieben alle anderen Spielarten des neuen evangelischen Glaubens. Frankfurts offizielle Mehrheitsreligion war nun endgültig der protestantisch-lutherische Glaube, den sich wohl inzwischen auch die Bevölkerung zu eigen gemacht hatte.[3]

Mit diesem Frieden waren für die Stadt die politischen Verhältnisse wieder überschaubar geworden, doch konnte sie selbst nur mit einem ganz erheblichen Handicap in die neue Epoche starten: Die politischen und kriegerischen Verwicklungen hatten die Stadt zur Aufnahme von Schulden in bisher unerhörter Höhe gezwungen. Mit Hilfe einer Kupferspekulation versuchte der Rat, sich aus der Klemme zu befreien, und machte doch, als diese katastrophal scheiterte, alles noch viel schlimmer – Geld, woher auch immer zu beschaffen, wurde nun zum entscheidenden Thema der städtischen Politik.

Reisendes Volk

Als Ergebnis dieser Ereignisse blieben die wieder unangefochtene Stellung der Ratsoligarchie im Stadtregiment, die verzweifelte Suche nach neuen Einnahmequellen, die Zentralisierung der Sozialfürsorge in städtischer Regie, die Verwurzelung des protestantischen Glaubens lutherischer Prägung in der Stadt und die

3 Wieweit diese Umstellung in Frankfurt bereits 1554 realisiert war, ist in der Literatur umstritten, siehe unten Anm. 26

Peter Schöffer d. J.: Flugblatt von der Frankfurter Messe (um 1510)

Bei leib kain menschen fürter klaff
Das mir es thedt ein junger pfaff
Vf einer steg/nün hör doch wie
Dz maul mir vff brach mit eī knye
Nüff leyb vñ hertz wie wirt mirs gā
Dz ich so lāg bleib bey dir stan
Vñ also spät kum̄ heym zu hauß
Mei fraw die wirt mich treyben auß
Ach vff mein sel dz fürcht ich auch
Nün bin ich gleich ein solcher gauch
Doch wöllen wir erdencken wol
Was antwurt ie/de geben sol.
Biß wilkum̄ lieb stalbrüder mein
Wo drincken wir ein kentlin wein
Vnd thetten vns besprechen heut
Zu reitten auß vff gütte beut.
Wā es bei dir verschwigen wer
So wüst ich woll von wannen her
Ei kauffmā kum̄t geritten schir
Vñ hülffst den sel/ben fahen mir.
Sih helmer lung lieb vetter Cleß
Du tregst warlich vil gütter keß
Pack dich in d stat balt mit eī sprūg
Sie gelten dir ietz gelts genung.
Entrawen Heintz du sagst gar war
Doch hab ich fed/dern vil im har
Welch procke torn mir stecken drein
Die schwingē mir das seckelein.
Ach dützer voppē hülfft nit mer
Ich biñ gezogen hin vnd her
Vnd hab wenig züsamen bracht
Der teüffel hat dz büch erdacht
Selebis Jösel hör mir zü
Ich weyß nitt wie ich jm̄er thü
Das ich mich nym̄ erneren kan
Wañ itzunt wüchert yederman
O Schmoe lieber eyden draüdt
Thü eins vkauff die juden haüt
Vñ laß zü Cristē taüffen dich
Den franckē jren bruntz besich.
Hör zü gesel ein gütten schwangk
Kaī zeit ist dir mir werd so langk
Dann das ich nit kan werdē reich
Vñ stell mich nitt desselben gleich.
Dz sicht man wol ich thü es auch
Drum̄ helt mā jdē für ein gauch
Doch bin ich wol züschipff gericht
Woluf lotter verzag noch nicht.
Dein herren gsell ich helffen wil
Wo er mir gibt d pfenning vil
Vmb gelt ich täg/lich zü im reyß
Vnd doch d kunst gar lützel weyß
O herr wan ir ge/trawten das
Vñ hülffet im in sölcher mas
Das er behilt kein pfenning nit
Mein thal ergriff ich auch damit.
☞ Doch eins ich nit vergessen kan
eyn yeden hie gar treülich man
Das er zuuor kauff diß gesind
Damit jm nit an volck zerind
Wann manchem nit gelegen ist
zü franckfort holn weß jm gebrist.
Peter Schöffer.

überregionalen Folgen der Reformationsbewegung – Entwicklungen, die die Einwanderung in Frankfurt entscheidend prägen sollten, allerdings für die einzelnen Gruppen in unterschiedlicher Weise. Bevor deren Geschichte vorgestellt werden soll, muß noch ein anderes Phänomen, das sich in jener Zeit verstärkte und auch quantitativ faßbar wird, in den Blickpunkt gerückt werden: die (meist erzwungene) Mobilität einzelner Menschen, die die Stadt nur durchqueren wollten oder durften, weil sie kein längeres Aufenthaltsrecht erwerben konnten.[4] Die bereits erwähnte Einrichtung des Allgemeinen Almosenkasten hat auch hierfür unsere Quellengrundlage geschaffen: Die ordentliche Buchführung über alle an Ortsfremde ausgegebenen Almosen ist zum Teil noch erhalten und liefert für die Zeit zwischen 1531 und 1560 statistische Angaben über Herkunft, Beruf und Reisegrund der Begünstigten und die Höhe ihrer Unterstützung. Dort zeigt sich, daß die Stadt Schnittpunkt von Fernwanderungen war, deren Ausgangspunkte über das ganze Reichsgebiet verteilt lagen. Die soziale Zusammensetzung der durchreisenden Fremden war sehr gemischt: Studenten, Gelehrte, Geistliche, Handwerker und Knechte, auch einige verarmte Adlige. Frauen waren unter den Bittenden mit einem Zehntel vertreten. Häufigster Grund der Bedürftigkeit war die Reise, gefolgt von Krankheit, Brandschaden, Vertreibung, Gefangenschaft und allgemeiner Armut. Die Almosen wurden aber beileibe nicht gleichmäßig gewährt: Die soziale Differenz zwischen Gelehrten und Studenten, zwischen Geistlichen und Handwerkern bestimmte auch die Höhe der ausgezahlten Unterstützung; gleichzeitig galten Reise, Vertreibung und überstandene Gefangenschaft als die förderungswürdigsten Anlässe.[5]

Zwei Zahlen mögen die Veränderungen dieser Mobilität im Verlauf des 16. Jahrhunderts andeuten: Der Anteil der Spenden für Auswärtige an der gesamten Spendenvergabe stieg von unter 10% auf über 30%, der Anteil an den städtischen Ausgaben insgesamt um über mehr als das Zehnfache. Selbst wenn man bedenkt, daß in dieser Zeit die kirchlich-private auf eine städ-

4 Das folgende nach Jütte, Armenfürsorge, S. 143 ff.

5 Zahlen und ihre Aufschlüsselung nach Jütte, Armenfürsorge, S. 144

tisch-öffentliche Fürsorge umgestellt wurde, also der städtische Almosenkasten noch im Aufbau begriffen war, wird man doch aus diesen Zahlen einen deutlichen Anstieg der Frankfurt durchreisenden Menschen ablesen können und zugleich auf eine Tendenz zur Verarmung, d. h. einen gesteigerten Zugriff auf den Almosenkasten schließen dürfen. Er war das zentrale Element einer städtischen Sozialpolitik, die sehr strikt zwischen Bürgern, Beisassen, Juden und Fremden unterschied: Für die Frankfurter Bürger hatte er die Funktion einer Sozialversicherung. Wer durch Krankheit, Alter usw. in unverschuldete Not geriet, hatte Anspruch auf Unterstützung, die seine Notzeit überbrückte. Fremde Bedürftige (zu denen in dieser Hinsicht auch die Bewohner der Frankfurter Dörfer gehörten) konnten nur mit einer einmaligen Spende rechnen und mußten vor allen Dingen nach wenigen Tagen die Stadt wieder verlassen haben. Wichtiges Ziel dieser Politik war, das verbotene Betteln in der Stadt wirksam zu verhindern, oder wenigsten doch auf einheimische Arme zu beschränken.

Die Kontrolle reisender Fremder war offensichtlich auch insgesamt eines der wichtigsten Elemente der Sozialpolitik. Auf dem Papier mußte jede Übernachtung in Privathäusern oder offenen Gasthöfen angemeldet und ein »Schlafgeld« an die Stadtkasse entrichtet werden. Dies galt auch für diejenigen, die teils gezwungen, teils freiwillig nach Frankfurt zur sogenannten »Lepraschau« kamen, um von städtischen Ärzten Befall oder Nichtbefall mit der damals unheilbaren Krankheit des Aussatzes attestiert zu bekommen. Auch im außerhalb der Stadtmauern aufgebauten Leprahaus – der nach damaligem Brauch »Gutleuthof« genannte wurde, weil die Kranken im christlichen Sinne meist demütige Sünder waren – konnten in der Regel nur Frankfurter Bürger langfristige Aufnahme finden.[6]

6 Nach Jütte, Armenfürsorge, S. 73, 143 ff., 180

Jüdische Einwanderung

Die jüdische Einwanderung des 16. Jahrhunderts traf in Frankfurt auf Bedingungen, die teilweise bereits im ausgehenden 15. Jahrhundert festgelegt waren. Der legale Aufenthalt jüdischer Stadtbewohner in der neugeschaffenen Judengasse war nun inzwischen in dreifacher Hinsicht obrigkeitlicher Kontrolle und Steuerung unterworfen: beim Zuzug von außerhalb, bei den periodischen Verlängerungen der Stättigkeit, die für die einzelnen Haushalte und zugehörigen Menschen nicht immer automatisch gewährt wurden, und bei der Zuweisung des Wohnsitzes innerhalb der Gasse. Einige der dabei angelegten Listen sind erhalten und geben Auskunft über die Anzahl der jüdischen Familien, ihren Wohnsitz und die Höhe des von ihnen bezahlten Mietzinses. Die Entwicklung dieser kontrollierten Zuwanderung zeigt im 16. Jahrhundert eine ständige Aufwärtstendenz: 1473 waren es 22 Haushalte mit 146 Personen, 1554 bereits 69 Haushalte mit 419 Personen, 1612 schließlich etwa 500 Haushalte mit ca. 2.800 Personen![7]

Dieser demographischen Veränderung korrespondiert die bauliche Entwicklung in der Gasse: Der ehedem großzügig bemessene Platz für die einzelnen Wohnsitze wurde durch Teilungen immer kleiner, denn an eine nennenswerte Ausweitung der Grundfläche war durch die obrigkeitliche Fixierung des Areals als geschlossene »Judengasse« nicht zu denken. Die einzelnen Häuser wurden oft mehrfach geteilt und in die Höhe gebaut, Hinterhäuser entstanden, wo vorher Gärten, Ställe oder Schuppen waren – kurzum, eine ungeheure bauliche Verdichtung setzte ein, die die städtische Obrigkeit durch präzise Bauvorschriften (Restriktion der Bauhöhe auf drei Stockwerke unter dem Dach, Brandschutzmaßnahmen usw.) unter Kontrolle zu halten versuchte. Das sogenannte Judenbaubuch, in dem ab 1573 die einzelnen Baugenehmigungen verzeichnet wurden, kann uns davon ein detailliertes Bild vermitteln.

---

7 Zahlen nach Bothe, Beiträge, S. 69 ff., Bücher, Bevölkerung, S. 526 ff, Arnsberg, Geschichte II, S. 490

Die starke Zuwanderung veränderte jedoch nicht nur die äußere Gestalt der Judengasse, sondern auch deren Sozialstruktur: Die Formen der jüdischen Selbstverwaltung (im Rahmen der städtischen Obrigkeit) paßten sich den komplizierteren Gegebenheiten an, es entwickelte sich – in zeitversetzter Parallele zur christlichen Gemeinschaft – eine beherrschende Oligarchie in

Demographische Entwicklung der jüdischen Gemeinden in Frankfurt von 1200 bis 1850

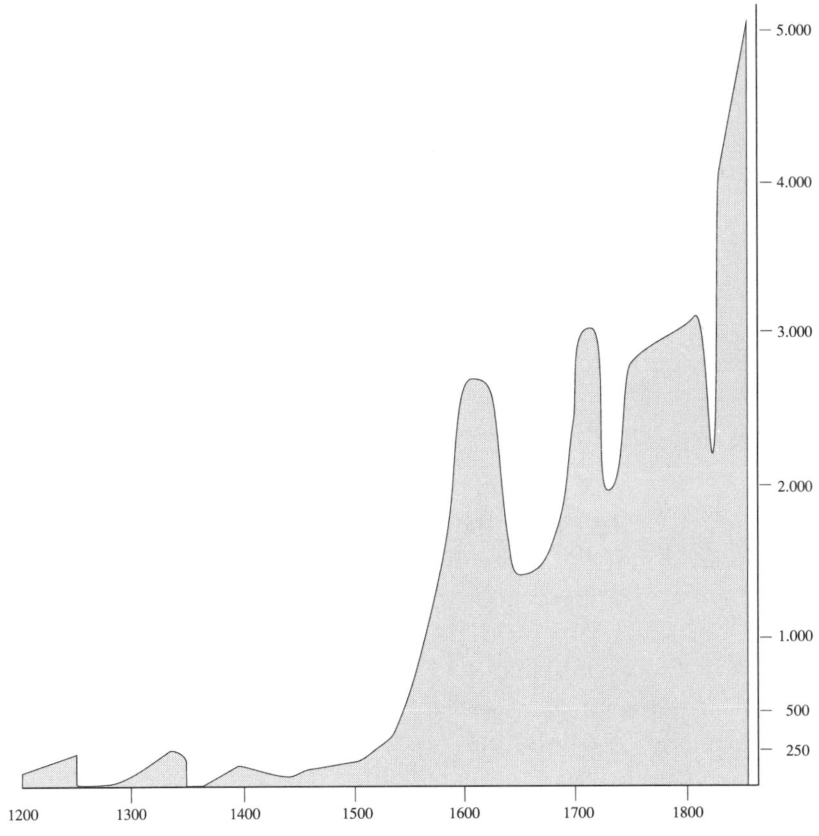

Nach Angaben von Arnsberg, Geschichte II, S. 490

der sich sozial differenzierenden Gruppe, entsprechende Konflikte mit den weniger Begünstigten blieben nicht aus.

Über die Gründe, aus denen die einzelnen Zuwanderer ihren Entschluß zum Ortswechsel trafen, ist in der Regel nur Typologisches zu sagen: Die damals expandierenden Frankfurter Messen versprachen den einen interessante Geschäftsmöglichkeiten, andere kamen, um zu heiraten, wieder andere, um bei einem Rabbiner zu lernen, Rabbiner selbst wiederum wurden als Gelehrte oft von weit her angeworben, aus anderen Städten Vertriebene versuchten, in Frankfurt eine neue Existenz aufzubauen – die Quellen zeigen insgesamt eine hohe Mobilität und die starke Attraktivität, die das Aufenthaltsrecht in Frankfurt trotz der Gettosituation hatte.[8]

Zusammensetzung und Lebensbedingungen der jüdischen Gemeinde Frankfurts waren somit im 15./16. Jahrhundert einer Vielzahl von durchaus widersprüchlichen Einflüssen ausgesetzt, die auch allgemeiner die damaligen demographischen Entwicklungen mit ihren sozialen Implikationen und einer dazugehörigen frühmodernen Bevölkerungspolitik verdeutlichen. Zwei Beispiele von eher unglücklichen Schicksalen mögen nun – gerade wegen ihrer Schwierigkeiten – einige Momente des komplizierten Bedingungsgeflechts vor Augen führen.

Joseph zur Weißen Rose

Der Arzt war mit seinem Vater Salman 1485 nach Frankfurt gekommen, hatte 1489 geheiratet[9] und erscheint mit Frau Lena, mehreren minderjährigen Kindern, zwei Dienstmägden, einem Dienstknaben und einem Privatlehrer für seine Kinder in der Stättigkeitsliste von 1496 als Bewohner des Hauses zur Weißen Rose, für das er jährlich 70 Gulden Miete zahlen mußte; seine Mutter Gutte konnte, sofern sie ebenfalls auf Dauer nach Frankfurt kam, bei ihm wohnen und Aufenthaltsrecht haben. Zwei Jahre später mietete er noch ein weiteres Häuschen für vier Gulden, das er nach Ausbau auf eigene Kosten an einen anderen

8 Kracauer, Geschichte der Judengasse; Backhaus/Karpf/Lenarz, Dokumentation

9 Ettlinger, Ele toldot, Medizinalia III 3, Lebensbeschreibung aller Frankfurter jüdischen Ärzte, S. 214 ff.

Zuwanderung von Juden nach Frankfurt im 16. Jahrhundert

Orte, aus denen

● 10 - 12 Familien ● 5 - 6 Familien • 1 - 3 Familien eingewandert sind

Nach vom Jüdischen Museum Frankfurt ausgewerteten Zahlen bei Ettlinger, Ele Toldot, vgl. auch Museum Judengasse, Kat. zur Dauerausstellung, S. 16

Juden weitervermieten durfte. Inzwischen war auch seine Mutter Gutte bei ihm eingezogen, wie die nächste Stättigkeitsliste von 1499 ausweist. Joseph war ein aktiver Mann, denn der Schreiber der Stättigkeitsliste stellt mit etwas gequälter Anerkennung fest, er habe seine Angelegenheiten so nachdrücklich verfolgt, daß ihm bereits Anfang 1501 die 1502 fällige Verlängerung der Stättigkeit für die oben genannten und für seinen inzwischen erwachsenen Sohn garantiert wurde.[10]

Ein Jahr später aber kam es für ihn fast zur Katastrophe: Ohne sich offenbar der möglichen Folgen bewußt gewesen zu sein, erklärte er in christlicher Gesellschaft, er wisse genau, daß einige Männer aus dem Rat und insbesondere einer (dessen Namen er auch nannte) den Juden heimlich Geld zur Verfügung stellten, um es bei ihnen arbeiten zu lassen. Hätte der Rat diese Information so stehen lassen, wären seine Mitglieder in ihrer christlichen Gemeinde schwer belastet gewesen: Sie hätten sich der geschäftlichen Kumpanei mit den Juden schuldig gemacht und vor allem das christliche Wucherverbot umgangen – also genau die wesentlichen Spielregeln verletzt, die die Ausgrenzung der Juden aus dem christlich-bürgerlichen Leben garantieren sollten. Aus der Sicht des Joseph war das unterstellte Verhalten von Ratsmitgliedern natürlich genau der Beweis für die (mentale) Gleichheit von christlicher und jüdischer Oberschicht. Wohl weil solche Praktiken recht nahelagen (und als Vorwurf von christlicher Seite immer wieder laut wurden), ließ der Rat all seine Machtmittel spielen, um die Sache rechtlich aus der Welt zu schaffen: Joseph wurde in Haft genommen, und der Rat beschäftigte sich mit dieser Angelegenheit an mehreren Sitzungstagen: Das Verhör des Joseph unter der Folter war schon beschlossene Sache, aber man wollte zunächst Dr. Adam, den Stadtsyndicus, um juristisch-diplomatischen Rat fragen. Denn kaum war die Inhaftierung außerhalb Frankfurts bekannt geworden, begannen die Interventionen einflußreicher Herren: Der weltliche Stellvertreter des Mainzer Erzbischofs und seine Freunde schickten mehrfach Briefe, in denen sie sich für den Arzt einsetzten. Der Rat wollte ihnen zunächst wegen der

10 Stadtarchiv Frankfurt, Judenschaft Ugb D 7 B 11, f. 1v ff.

Schwere des Vergehens nicht entgegenkommen, versprach aber dann doch endlich, Joseph am Leben zu lassen. Inzwischen wurde der Delinquent unter der Folter befragt (wohl nach den Hintermännern seiner Information). Zugleich stellte man ihn vor die Alternative, daß ihm die Augen ausgestochen und die Zunge abschnitten würden, falls er nicht 2.000 Gulden Strafe zahlen wolle.

Mit der finanziellen Wiedergutmachungsforderung, auf die prinzipiell einzugehen sich Joseph selbstverständlich beeilte, war die Angelegenheit nun wieder in geordnete Bahnen gelenkt: Der Rat beauftragte die Rechenmeister (Verwalter der Stadtfinanzen), mit den Freunden des Arztes über Höhe und Modalitäten zu verhandeln, setzte die Untergrenze zunächst auf 1.000, dann auf 400 Gulden herab, bei denen es schließlich zum geschäftlichen Abschluß kam. In einer förmlichen Urkunde schwur Joseph zunächst, daß er in allem leichtfertig die Unwahrheit gesagt habe, und schwur darüber hinaus dem Rat und allen in dieser Sache Beteiligten Urfehde, d. h. er verzichtete feierlich (mit einem jüdischen Eid) auf alle rechtlichen oder sonstigen Mittel, um gegen seine Behandlung anzugehen. Und er erklärte sich bereit, mit seiner Frau sein Leben lang in Frankfurt zu bleiben – verzichtete also auf das den Juden sonst zustehende Recht des freien Abzugs. Als Bürgen ließen sich seine Brüder Vifus und David einschreiben, und die beiden adligen (christlichen) Herren Eberhard von Heussenstamm und Siegfried Rosenberger setzten ihre Siegel unter das Dokument. Diese beiden Frankfurter Herren werden es wohl auch gewesen sein, die die Verhandlungen mit dem Rat zu einem für Joseph (angesichts der vorherigen Drohungen) erträglichen Ende geführt haben.[11]

Jedenfalls schien er in den nächsten Monaten wieder obenauf gewesen zu sein. Unter anderem wurde ihm gestattet, in seinem Hinterhaus noch einen weiteren Juden aufzunehmen (es also unterzuvermieten). 1505 meldet die Stättigkeitsliste ihn allerdings als flüchtig, d. h. unentschuldigt seit längerer Zeit aus der Stadt abwesend.[12] Ein Brief des Arztes aus Mainz an den Rat

11 Stadtarchiv Frankfurt, Rachtungen 2003

12 Stadtarchiv Frankfurt, Judenschaft Ugb D 7 B 11, f. 18v.

klärt über die Gründe auf: Sein Gegner (ein anderer Jude aus Frankfurt) habe in einem erbitterten Rechtsstreit über Schulden an das Gericht zu Heidelberg appelliert, wohin auch er habe folgen müssen. In der Zwischenzeit sei in der Frankfurter Judengasse die Pest ausgebrochen, vor der viele Juden nach auswärts geflohen seien, weswegen er selbst auch nicht zurückgekommen sei. Gleichzeitig habe ihn Johann von Elz, Hofmeister des Mainzer Domprobstes, um medizinische Behandlung gebeten. Joseph suchte nun in dem Brief um Verlängerung seines Urlaubs nach und sorgte sich sehr, daß es seinem Kontrahenten gelingen könne, ihn, Joseph, beim Rat wegen des Ausbleibens gründlich anzuschwärzen. Die Verlängerung wurde gewährt, aber auch danach kehrte er offenbar nicht mehr nach Frankfurt zurück.[13]

Salman zum Rindsfuß und seine Söhne

Das Schicksal des Joseph zur Weißen Rose ist sicherlich nicht im strengen Sinne exemplarisch, da die Mehrzahl der nach Frankfurt wandernden Juden weder derartig prominent war noch so schnell wieder ihre neue Heimat verlassen mußte. Einzigartig ist dieses Schicksal in seinen Grundzügen jedoch nicht, wie die Geschichte Salmans zum Rindsfuß, der selbst anscheinend bereits in Frankfurt geboren war, und seiner Söhne Simon und Mosche zeigt. Die erste Nachricht über Salman finden wir für das Jahr 1515,[14] die nächste in der Stättigkeitsliste von 1530, in der er mit seiner Frau Eva und der Minimalmiete von vier Gulden jährlich auftaucht – sein Vermögen gab er im nächsten Jahr mit 318 Gulden an, was ihn in die unteren Regionen der sozialen Hierarchie verwies. Zwei Jahre später geriet er in einen heftigen Konflikt mit Teilen der Gemeindeverwaltung, in den er die christliche Obrigkeit hineinzog. In Gegenwart mehrerer Ratsherren erklärte er den jüdischen Baumeistern (Gemeindevorstehern): Er traue vor allem in finanzieller Hinsicht weder der Gemeindeversammlung noch deren Beauftragten und beschuldige alle zusammen, meineidig zu sein. Weiterhin warf er

13 Stadtarchiv Frankfurt, Medizinalia 148

14 Ettlinger, Ele toldot, zu 1538

ihnen vor, sie hätten dem Rat Geld vorenthalten und beklagte sich schließlich über soziale Diskriminierungen bei der Zusammensetzung jüdischer Gemeindegremien. Diesmal war also die interne Autorität der jüdischen Gemeindeverwaltung in Frage gestellt – und auch diesmal wurde der vorlaute Kritiker zum Schweigen gebracht: 1534 wurde protokolliert, daß er vor den städtischen Rechenmeistern und im Beisein der jüdischen Baumeister und zweier Rabbiner all seine Vorwürfe mit feierlichem Eid zurückgenommen habe, nachdem er sich vor der jüdischen Gemeinde als schuldig im Sinne der jüdischen Gesetze bekannt, um Verzeihung gebeten und diese auch erhalten hatte.[15]

Wie es mit ihm und seiner Familie in den nächsten elf Jahren weiterging, wissen wir nicht. 1545 jedenfalls waren ihre Tage in Frankfurt gezählt, weil der Rat ihnen die Verlängerung der Stättigkeit ausschlug. Fünf Jahre später versuchen die beiden Söhne, vom Rat der Stadt die Stättigkeit zurückzuerhalten. Sie hatten inzwischen bei Handels- oder Geldgeschäften mit Mitgliedern des kaiserlichen Hofs einflußreiche Fürsprecher gewonnen, so daß sie ihr Begehren an den Rat mit einer ganzen Reihe von Unterstützungsbriefen bekräftigen konnten. In erster Linie waren dies zwei Schreiben im Namen des Kaisers selbst, die Rat und jüdischer Gemeinde die Wiederaufnahme der beiden vorschrieben, dann ein Schreiben des kaiserlichen Hofrats Heinrich Hass von Laufen und schließlich eines von Johannes Graf zu Nassau und Saarbrücken.[16] Aus diesen Schreiben geht hervor, daß im Jahre 1545 außer der Familie Salmans noch anderen Juden die Erneuerung der Stättigkeit verweigert wurde, inzwischen aber wieder Juden neu aufgenommen wurden. Simon und Mosche beklagten den Verlust der väterlichen Wohnung, waren aber bereit, in ein anderes Haus der Judengasse zu ziehen. Der Rat wiederum stellt in seinen Antworten an den Kaiser und an Heinrich von Laufen die Dinge aus seiner Sicht richtig.

---

15 Stadtarchiv Frankfurt, StAF Juden Ugb E 49 N, f.1-9, 13v.-14v., 27

16 Stadtarchiv Frankfurt, Juden wider Juden Ugb D 78,13

Mosche und Simon, Salmans zum Rindfuß Söhne, an den kaiserlichen Hofrat Heinrich Hass von Laufen (1551)

»Edler, hochgelehrter, gnädiger Herr. Es ist unsere untertänige Bitte, uns gnädiglich anzuhören: Obwohl unser verstorbener Vater und seine Voreltern lange Zeit ihre häusliche Wohnung in Frankfurt zum Rindsfuß gehabt haben und sich ehrlich gehalten haben laut des Passports, den wir in unseren Händen haben, ist unser Vater doch von dort vertrieben worden wegen der großen Menge von Juden, die dort gewohnt haben – und aus keiner anderen Ursache sonst laut des genannten Passports. Und doch sind nun andere Juden aufgrund von Freiheitsbriefen und Fürschriften unseres allergnädigsten Herrn, der kaiserlichen Majestät, und auch sonst wieder aufgenommen worden.

Und obwohl uns die höchst gedachte kaiserliche Majestät auch dergleichen Privilegien – daß wir, wo andere Juden seien, auch wohnen mögen – und darzu eine Fürschrift an den ehrsamen Rat zu Frankfurt allergnädigst gewährt hat, so lassen doch etliche Juden, welche dasselbst wohnen, merken und sich vernehmen, sie wollten unangesehen dieser unserer Freiheitsbriefe und Fürschrift und diesen zuwider uns daran hindern, dort hineinzukommen. Dennoch sind wir ohne Zweifel und glauben zuversichtlich, daß der genannte Rat sich an unseren Freiheitsbrief und Fürschrift halten und sich um die vermeintlichen Einwände dieses Juden mitnichten keren werde."[17]

Rat der Stadt Frankfurt an den Kaiser (1551)

»Wir geben Eurer kaiserlichen Majestät darauf gnädiglich zu erkennen: Wie aus der Fürschrift zu vermerken ist, haben Simon und Mosche in ihrer Supplication angezeigt, daß ihnen die Beurlaubung ihres Vaters – weil sie ihre altväterliche Wohnung bei uns zum Rindsfuß genannt lange Zeit innegehabt haben – zu Nachteil und Schaden gereiche. Aber bei uns hat es im Hinblick auf die Juden nicht die Bewandtnis, daß wir ihnen an der Behausung, die sie von uns innehaben, irgendwelches Eigentum aus altväterlichen oder sonstigen Rechten zugeste-

17 Modernisierte Fassung, Original im Stadtarchiv Frankfurt, Juden wider Juden, Ugb D 78, 13,demnächst auch in Backhaus/Karpf/Lenarz, Dokumentation

hen, sondern es von alters her so handhaben, daß die Juden alle drei Jahre von neuem von uns angenommen werden. Und diejenigen, die sich in der Zwischenzeit so verhalten und gehandelt haben, daß es uns nicht mehr gefällt, sie aufzunehmen, beurlauben wir, wie es ihrem Vater Salman zum Rindsfuß auch geschehen ist . . .
Und auch wenn Simon und Mosche von diesen vermeintlichen altväterlichen Rechten abstehen und sich mit einer anderen Behausung begnügenwollen, so sind doch diese Häuser zur Zeit wiederum dermaßen besetzt, daß wir Ursache haben, noch viel mehr ehrliche Juden abermals zu beurlauben, als daß wir neue aufzunehmen Platz oder Gelegenheit hätten. Und aus den genannten hindernden Ursachen und insbesondere, weil sich die beiden genannten Juden zum Teil sich so gezeigt und gehalten haben, daß wir von ihnen eher Zanck, Unruhe, Erregung von Feindseligkeiten und Zerrüttung als gebührlichen Gehorsam und Bescheidenheit zu erwarten haben werden, konnten wir ihrem Begehren nicht stattgeben, sondern mußten es ihnen abschlagen.«[18]

Rat der Stadt Frankfurt an den kaiserlichen Rat (1551)
»Und des Passes oder Abschiedsbrief halber, den sie in ihrer Supplication an E[ure] H[oheit] erwähnen, hat es folgende Bewandtnis: Obwohl er von keiner anderen Ursache, weswegen ihr Vater Salman neben anderen Juden mehr von uns beurlaubt worden ist, Meldung tut, als daß die Menge der Juden damals zu groß gewesen ist, so hat es doch daneben noch andere Ursachen mehr für ihre Beurlaubung gegeben, insbesondere die, daß diese beurlaubten Juden als besonders zänkische, unruhige Leute das Gericht und unseren Bürgermeister mehr als andere mit unnötigem Gezänk und Hader täglich angelaufen und bemüht haben. So haben sich dann diese zwei in der kurzen Zeit, die sie hier gewesen sind, also gezeigt und angelassen, daß sie nicht aus der Art geschlagen und von ihnen nichts besseres als von ihrem Vater zu erwarten sei.
Daß aber diese Ursachen in dem Abschiedsbrief ihnen damals in der gleichen Weise mitzuteilen unterlassen wurde, ist aus

18 Modernisierte Fassung, Original im Stadtarchiv Frankfurt, Juden wider Juden, Ugb D 78, 13, demnächst auch in Backhaus/Karpf/Lenarz, Dokumentation

> Mitleid auf ihr vielfältiges Nachlaufen, Bitten und Anhalten hin und vor allem darum geschehen, damit sie an anderen Orten desto weniger abschlägig beschieden werden und sie so nicht wieder hierher kommen würden.«[19]

Aus diesen Schriftwechseln gehen insgesamt mehrere wichtige Punkte hervor: Der Rat beanspruchte, autonom über die Stättigkeitsgewährung zu entscheiden, und hielt die kaiserliche Fürsprache und Vorschrift nicht für bindend. Er betrachtete die periodisch gewährte Stättigkeit auch als Mittel einer städtischen Bevölkerungspolitik und benutzte sie einerseits, um die Zahl der ansässigen Juden zu beeinflussen, andererseits als ein Druckmittel der sozialen Disziplinierung. Durch die Regeln der Stättigkeit wurde den Juden eine feste »Heimat« verwehrt, denn »altväterliche Wohnung« war für den Rat ein Begriff, den er den Juden vorenthielt – damit sind aber auch die mit ihm verbundenen Bedeutungselemente »immobiles Erbe, Anspruch auf Heimat« hinfällig. Die Abschiebung der Familie wurde ihr selbst und dem Rat dadurch erleichtert, daß im Abschiedsbrief (Passport) die wahren Gründe gegenüber den Autoritäten der neuen Wohnorte unerwähnt blieben. Da die Abschiebung und die Verweigerung der Wiederaufnahme auch auf den Einfluß wichtiger Mitglieder der jüdischen Gemeinde zurückging, konnte die periodische Stättigkeit offenbar ebenfalls von der jüdischen Gemeindeobrigkeit als Steuerungsinstrument genutzt werden. Die Nichtverlängerung der Stättigkeit hatte andererseits die Familie anscheinend nicht allzu hart getroffen: Die Söhne fanden, wie man die Quellen interpretieren darf, alsbald ihr Auskommen und gute Verbindungen am kaiserlichen Hof. Dennoch wünschten sie ihre Wiederaufnahme und setzten sehr viel (sicher auch Geld für die Fürsprecher) daran, diese auch zu erreichen – ein Verhalten, das die hohe Attraktivität der Frankfurter Stättigkeit für die Juden jener Zeit eindrücklich bestätigt. Ob sich die beiden Söhne Salmans gegen den Widerstand von Rat und jüdischer Gemeinde letztlich durchsetzen und wieder in der Juden-

19 Modernisierte Fassung, Original im Stadtarchiv Frankfurt, Juden wider Juden, Ugb D 78, 13, demnächst auch in Backhaus/Karpf/Lenarz, Dokumentation

gasse eine Wohnung beziehen konnten, geht aus den Quellen nicht hervor, ist aber eher unwahrscheinlich.[20]

Wallonisch-flämische Einwanderung

Zuwanderer in zu großen Zahlen – oder zuwenig Einwohner insgesamt? Die städtische Führung mußte nicht nur im eben geschilderten Fall über das für ihre Interessen richtige Bevölkerungsmaß nachdenken. Die jüdische Einwanderung war zwar im 16. und beginnenden 17. Jahrhundert wegen ihrer Konzentration auf die Judengasse besonders augenfällig, bedeutete aber in absoluten Zahlen nicht den Gipfel der Wanderung von identifizierbaren Gruppen in die Stadt am Main. Die Reformation und ihre Folgen haben im christlichen Bereich eine Bewegung in Gang gesetzt, die die Bevölkerungsstruktur erheblich veränderte. Das Augsburger Übereinkommen von Katholiken und Protestanten hatte 1555 in Deutschland nun für etwa sechzig Jahre dem Konfessionsstreit die aktuelle Spitze genommen, jedoch nicht bei den westeuropäischen Nachbarn, wo katholische Obrigkeiten mit dem dort verbreiteten reformierten Bekenntnis konfrontiert wurden. In dieser Glaubensrichtung, die vor allem mit dem Namen des Genfer Theologen Calvin verbunden ist, hatte sich der Protestantismus radikalisiert und die Distanzierung von den katholischen Dogmen am weitesten getrieben.[21] Eines der sozialgeschichtlich wichtigsten Elemente dieser neuen Glaubensgemeinschaft war die gemeindlich orientierte Verfassung, in der (anders als zum Teil bei der lutherischen Lehre) alle Tendenzen einer zentral organisierten Kirchenhierarchie aufgegeben wurden. Die Versammlung aller zur Gemeinde gehörigen Männer wählte ihren Pfarrer und fällte auch alle anderen wichtigen Entscheidungen. Großes Gewicht lag bei diesem Konzept

---

20 Nach Ettlinger, Ele toldot, zu 1538, hatte sich Simon als Simon Kowerlein taufen lassen, dies könnte allerdings dann erst nach der oben dokumentierten Auseinandersetzung stattgefunden haben.

21 Zum folgenden Schilling, Exulanten; Schindling, Wachstum; Dietz, Handelsgeschichte II; Meinert, Protokollbuch (Historische Einführung); ders., Eingliederung; Meyn, Reichsstadt; Scharff, Gemeinde; Witzel, Studien

gemeindlicher Autonomie auf der Diakonie, d. h. der Betreuung von Armen, Alten, Schwachen und Kranken.

Die katholische Gegenreformation traf somit bei den reformierten Gemeinden auf große Geschlossenheit und entsprechend hartnäckigen Widerstand. Aus diesem Grunde wurde nach der Jahrhundertmitte in England kurzzeitig, in den spanischen Niederlanden jedoch sehr langfristig die Situation für viele Calvinisten so unhaltbar, daß sie sich zur Auswanderung in glaubenstolerantere Regionen entschlossen – und Frankfurt wurde für eine bedeutende Anzahl dieser Glaubensflüchtlinge zu einer entscheidenden Anlaufstelle. Fünf, und falls man die aus dem Königreich Frankreich vor dem Toleranzedikt (1598) bzw. nach seiner Aufhebung (1685) vertriebenen Hugenotten hinzuzählt, sogar sechs unterschiedliche Gruppen evangelischen Glaubens haben sich in den folgenden Jahrhunderten teils für immer, teils für mehr oder weniger lange Zeit in der Stadt niedergelassen. Auch wenn sich einige Grundzüge gleichen, ist es dennoch nicht eine einheitliche Geschichte, von der hier zu berichten ist. Dazu unterschieden sich ihre jeweiligen Ausgangspunkte und die Bedingungen, unter denen sie vom Rat und der übrigen städtischen Bevölkerung aufgenommen wurden, viel zu sehr.

Die beiden ersten Gruppen kamen aus England, in dem mit dem Herrschaftsantritt der katholischen Maria I. (auch die »Blutige« genannt) 1553 die bisherige tolerante Haltung gegenüber den reformierten Minderheiten umschlug. Eine kleinere Gruppe von etwas über 100 Menschen fand hier Aufnahme, bis sie nach dem Tode ihrer Königin 1559 wieder in ihre Heimat zurückkehren konnten.[22] Von deren Religionspolitik waren jedoch nicht nur die Engländer selbst betroffen, sondern unter anderem auch die wallonische (d. h. aus dem frankophonen Teil des heutigen Belgiens und aus Nordfrankreich stammende) Gemeinde des Pfarrers Valérand Poullain, deren Mitglieder – die meisten Bursatmacher, d. h. Produzenten von halbseidenen Stoffen – drei Jahre zuvor aus ihrer Heimat nach Südengland geflüchtet waren. Ihre erneute Vertreibung führte sie nach Frankfurt, wo der Rat ihre Ansiedlung gestattete.

22 Dietz, Handelsgeschichte II, S. 27; Jung, Flüchtlingsgemeinde

Niederländisch/wallonische Zuwanderung nach Frankfurt
von 1555 bis 1580

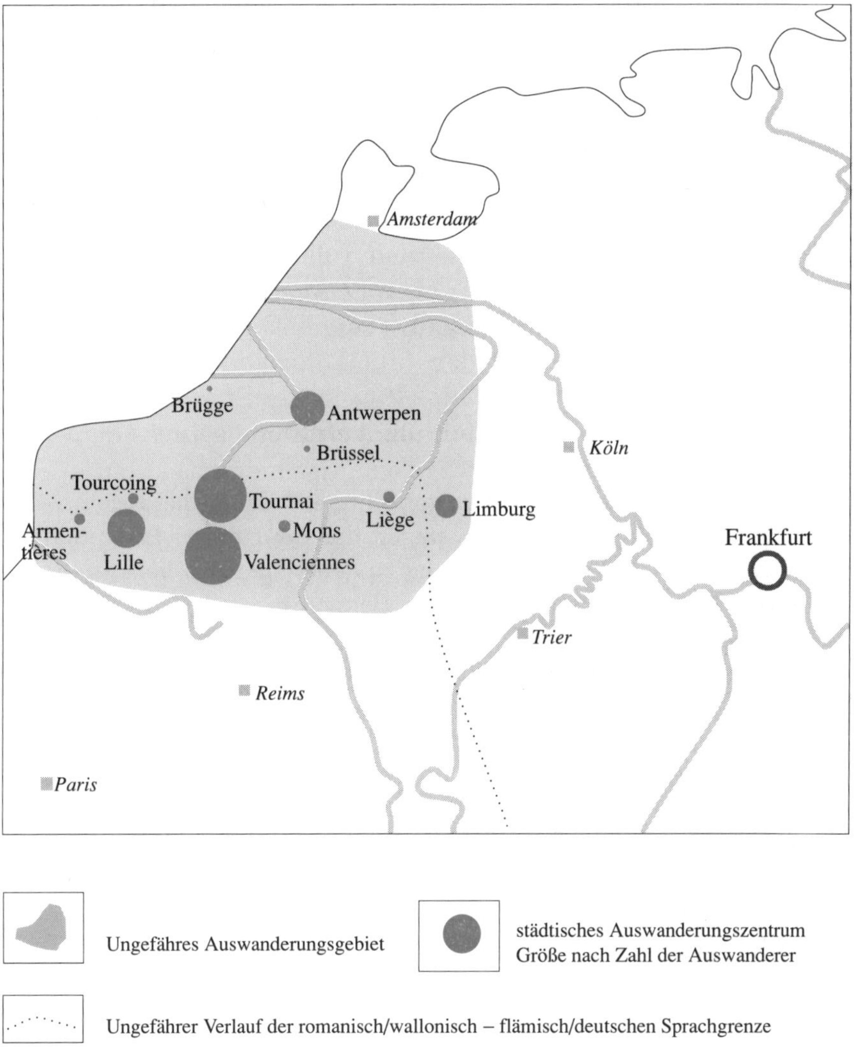

Nach Zahlen von Meinert, Protokollbuch, S. 15 ff.

Warum kamen diese Menschen gerade nach Frankfurt und warum nahm man sie dort auf? Daß sie nach Deutschland flüchteten, lag auf der Hand: Das Reich war ein Komplex aus vielen selbstständigen politischen Gebilden von unterschiedlichster Größe und innerer Gestalt, und somit war hier auch die Religionszugehörigkeit und -toleranz während des sogenannten Konfessionellen Zeitalters ganz verschieden ausgeprägt, die Chancen irgendwo Aufnahme zu finden also groß. Frankfurt hatte aber besonders wichtige Vorteile zu bieten: Es liegt nahe des Rheins, den ein Großteil der Flüchtigen als Orientierung benutzten, hatte sich der Reformation angeschlossen und war vor allem eine attraktive Messestadt, die vielen der Kaufleute unter den Zufluchtsuchenden bereits aus eigener Anschauung oder wenigstens vom Hörensagen her bekannt war.

Valérand Poullains Gesuch um Aufnahme seiner Gruppe in Frankfurt (1554)

»Nachdem allenthalben Eure vorsichtige Weisheit bei rechten Christen hochgerühmt wird wegen der besonderen Liebe zu Gottes Wort und der Hinneigung zu denen, die sich lieber aus ihrem Land jagen lassen, als vom Bekenntnis wahrer Religion abzulassen . . .

Deshalb habe ich als Vorsteher und Superintendend dieser Bursatmacher-Gesellschaft und auf ihr flehentliches Bitten hin fleißig nachgedacht, wohin sie sich am füglichsten mit ihrem Bursathandel begeben möchten. Da habe ich wegen des weitverbreiteten Lobs der Stadt Frankfurt und der oben genannten Ursachen und auch wegen des Gewerbes und der zwei Messen keinen passenderen Ort als Frankfurt finden können. So haben mir die vorigen und weitere Beispiele Trost und gute Zuversicht verschafft, so daß ich für unsere ganze Gesellschaft bei Euer vorsichtigen Weisheit um Aufnahme und daß wir in der Stadt Frankfurt Wohnungen mieten können, bitte, denn wir sind allein wegen der Religion und aus keinem anderen Grunde heimatlos geworden.

Wenn ihnen also das Stadtrecht zugelassen und die notwendigen Mietwerkstätten und -häuser zurechtgemacht werden, wollen sie weder Eurer vorsichten Weisheit noch den Bürgern hier allzu sehr lästig werden, sondern sich durch ihre Arbeit und Handel ernähren. Sie wollen dazu auch diejenigen Stadtkinder, denen daran gelegen ist, bei entsprechender Vergütung auch lehren, Bursat zu machen. Ferner würden sich etliche andere Handwerker und auch Kaufleute uns anschließen und hierher nachfolgen . . . für die ich diese Bitte um Aufnahme auch tun will. Weil sie aber ohne Religion nicht leben können und, obwohl wir Eurer Religion sind, nicht Eure Sprache können, ist unsere große Bitte, uns für den Fall der Aufnahme auch eine Kirche zur Verfügung zu stellen, in der wir unser Gebet, Predigt des Evangeliums und Austeilung der heiligen Sakramente in unserer Sprache nach der Lehre des Apostels Pauli haben können . . .«[23]

So haben sich hier – neben anderen westdeutschen Städten wie zum Beispiel Aachen, Emden oder aber auch zeitweilig dem katholischen Köln – vertriebene Calvinisten nicht allzuweit von der alten Heimat niedergelassen. Daß ihnen die städtische Obrigkeit dazu die Erlaubnis nur aus mitmenschlicher Betroffenheit gab, ist kaum zu vermuten, auch wenn dieses Motiv eine Rolle gespielt haben mag, zumal die dogmatischen Differenzen der Reformierten zur lutherischen Amtskirche zunächst noch nicht so deutlich vor Augen traten, bzw. von den Flüchtlingen nicht hervorgehoben wurden. Wichtiger und den Ratsherren sehr willkommen waren die Vorteile, die die Neuankömmlinge für die städtische Wirtschaft mitzubringen versprachen.

Die Stadt hatte im Jahrhundert zuvor (wie oben dargestellt) einen Bevölkerungsschwund verkraften müssen, weswegen, unterstützt durch komplizierte Besitzverhältnisse bei zahlreichen Immobilien, viele Häuser in der Stadt leerstanden – einige waren ja auch durch die Umsiedlung der Juden in ihr Getto freigeworden. Nun fehlte es an potenten neuen Besitzern – es fehlte überhaupt an wirtschaftlichen Impulsen, die in der prekären Finanzlage des Rats einen Hoffnungsschimmer hervorrufen konnten.

In dieser Situation brachten die wallonischen Flüchtlinge aus den spanischen Niederlanden einen großen Pluspunkt mit sich: Sie beherrschten die modernsten Techniken der Tuchherstel-

23 Modernisierte Fassung, Edition des Originals bei Ebrard, Gemeinde, S. 156-158

lung, das Schlüsselgewerbe der nichtlandwirtschaftlichen Produktion jener Zeit. Die »Welschen« – im älteren Deutsch die Bezeichnung für alle Sprecher romanischer Sprachen – boten sich gar an, den Webern und Tuchmachern der Stadt beim Sprung auf den neuesten Stand zu helfen. Doch genau hiermit trafen sie auf den wunden Punkt der hiesigen Sozial- und Wirtschaftsordnung und wurden, um im Bilde zu bleiben, zum Stachel im Fleisch einer noch spätmittelalterlich organisierten zünftischen Handwerkerschaft, die in genau definiertem Rahmen für den lokalen, höchstens noch regionalen Markt produzierte und die Begrenzung der Konkurrenz, den sogenannten Nahrungsschutz, als oberstes Gebot verteidigte. Die Zuwanderer mit ihrer überlegenen Technik, ihrer effektiveren Arbeitsorganisation und ihren günstigeren Finanzierungsmöglichkeiten wurden den betroffenen Einheimischen schnell unheimlich, Spannungen entwickelten sich zu wütenden Protesten beim Rat, dessen Beschwichtigungen die Eskalation der Unverträglichkeit nicht aufhalten konnte. So wurde 1557 ein erster Rückzug aus der Integration beschlossen: Die Zuwanderer mußten von dem für alle Bürger und Beisassen verbindlichen städtischen Wachdienst suspendiert werden, weil die Kooperation mit den Einheimischen nicht klappte.

Aufhebung des gemeinsamen Wachdienstes von Einheimischen und Zuwanderern (1557)

»Die fremden Welschen und Englischen betreffend ist folgendes bedacht worden: Weil diese der deutschen Sprache mehrenteils unerfahren und bei der allgemeinen Bürgerschaft ziemlich verhaßt und deswegen zu den Tag- und Nachtwachen nicht recht zu gebrauchen sind, es aber nichtsdestoweniger, wenn sie jetzt vom Wachdienst verschont werden sollten, wegen der Ungleichheit beim gemeinen Mann vielerlei Gemurre entstehen würde, daß zur Verhütung diesen Fremden zwar das Tag- und Nachtwachen erlassen wird, sie aber desto mehr mit Frondiensten, die sie entweder verrichten oder mit Geld ablösen mögen, beladen werden, damit eine Belastung mit der anderen ausgeglichen werde und niemand billigerweise zu Klagen Ursache haben mag.«[24]

Eine Verschmelzung der fremden Zuwanderer mit den Einheimischen war also in weite Ferne gerückt, die neue Lastenverteilung sollte nun die Ungleichheit notdürftig verdecken. Zum sprachlichen Unverständnis war inzwischen unversöhnlicher Haß der einen auf die anderen hinzugekommen: gegründet auf der Angst vor unkontrollierbarem Zulauf von Fremden und anderem mehr.

Klagen über die fremden Zuwanderer (1557)
Betrifft »Niederländer und Welsche: Wegen der Fremden und Welschen sind mancherlei Klagen eingangen, daß sie täglich überhand nehmen und einander Unterschlupf gewähren. Desgleichen, daß sie alle Dinge auf dem Markt verteuern und in den Zünften viel Unrichtigkeiten einführen. Besonders aber, und das gilt noch mehr, allerlei Sekten- und Kirchenbräuche, welche unserer Religion und den bisher gehaltenen Zeremonien ungemäß und entgegen sind, anrichten und treiben, auch unter ihnen selbst in Glaubenssachen nicht einig seien . . .«[25]

Die unterschiedlichen religiösen Bekenntnisse von einheimischer Mehrheit und fremder Minderheit haben hier offenbar eine Rolle gespielt. Der Rat hatte, als die unüberbrückbare Differenz zur lutherischen Lehre ihm wohl noch nicht ganz bewußt war, den Calvinisten für Gottesdienst und Abendmahl die ehemalige Weißfrauenkirche zur Verfügung gestellt (Tauf- und Trauungszeremonien blieben jedoch den lutherischen Stadtpfarrern vorbehalten). Den lutherischen Predigern, die der evangelischen-reformierten Konkurrenz oft noch unversöhnlicher gegenüberstanden als der katholischen Seite, waren die in sich selbst uneinigen calvinistischen Einwanderergruppen allerdings von vornherein höchst suspekt, und so arbeiteten sie nach Kräften daran, diese Differenzen zu verschärfen.[26]

24 Ratschlagungsprotokoll vom 26. 5. 1557, modernisierte Fassung, Druck des Originals bei Meinert, Eingliederung, S. 43

25 Ratschlagungsprotokoll vom 5. 6. 1557, modernisierte Fassung, Druck des Originals wie oben

26 Schilling, Exulanten, S. 125 ff., geht davon aus, daß sich damals eine für die

An der nun offenbar gewordenen Andersartigkeit sollte schließlich die von Rat und Immigranten intendierte Integration weitgehend scheitern: Zwei Jahre nachdem die Engländer wieder in ihre Heimat unter eine neue Regierung zurückkehren konnten, verbot der Rat 1561 für ihre weniger glücklichen Glaubensgenossen aus den Niederlanden den reformierten Gottesdienst und setzte damit eine der Grundlagen der bisherigen Einwanderung außer Kraft. Religiöse und soziale Identität waren auf beiden Seiten untrennbar, für die Mehrheit der einheimischen Handwerker paarte sie sich zudem mit existentiellen wirtschaftlichen Interessen. Der Rat, dessen adlig-großbürgerliche Mehrheit von den »Welschen« weiterhin eher profitierte als sich bedroht sah, konnte seine liberaleres Konzept nicht mehr fortführen, ohne erneut schwere Unruhen in der Stadt zu riskieren.

Die Kündigung der Religionsfreiheit für die Calvinisten war somit eine politische Notbremsung – mit all den ernsten Konsequenzen, die ein solch abruptes Scheitern einer Integration in der Regel nach sich zieht. Die reformierte Gemeinde hatte sich inzwischen vor allem durch wallonischen (80%), aber auch durch flämischen Zuzug (fast 20%) auf über 2.000 Menschen vergrößert und nach ihrem sprachlich-kulturellen Unterschied jeweils eigene Prediger bestellt. Ein großer Teil dieser Menschen suchte nun eine Alternative, viele von ihnen im pfälzischen Frankenthal (nahe Ludwigshafen), das der ihrem Glauben nahestehende Landesherr als neue Heimat angeboten hatte. Obrigkeitliches Interesse und Durchsetzungsvermögen erwiesen sich somit dort als Voraussetzung für die dauerhafte Ansiedlung einer in wesentlichen Punkten fremden Minderheit.

Die städtische Obrigkeit hatte nun auf einen Schlag eine ganze Anzahl Einwohner weniger, die als Garanten eines wirtschaftlichen Aufschwungs gelten konnten und die finanziellen Lasten

---

Emigranten unheilvolle Allianz von Zünften und lutherischen Predigern entwickelte und daß wegen der Rivalität zu den fremden Zuwanderern der lutherische Glaube erst richtig in einer Bevölkerung habe Fuß fassen können, die zu Beginn der Einwanderung noch eine wohlwollende Neutralität bewahrt habe. Jahns, Frankfurt, S. 183, ist sich hingegen sicher, daß die religiöse Umstellung der Gesellschaft bereits in den frühen fünfziger Jahren des 16. Jahrhunderts abgeschlossen war, die Einwanderer also bereits auf eine distanzierte Mehrheit gestoßen seien.

der Bürgergemeinde tragen halfen. Zugleich war mit dem Abzug vieler Welscher und Niederländer – die genaue Zahl läßt sich nicht ermitteln, aber es könnte die Mehrheit gewesen sein – die Bürgerschaft wieder homogener und leichter regierbar geworden. 1565 beklagte der Rat die »geringe Einwohnerschaft« seiner Stadt und wollte unbedingt »habhaftige Leute«, d. h. zahlungskräftige Neubürger aufnehmen – aber nur solche mit lutherischer Religion, da es sonst zu Unruhe und Zerrüttung käme.[27]

Die Ambivalenz dieser Situation sollte nun für lange Zeit bestehen bleiben, denn ihre Voraussetzungen wurden eher noch stärker als schwächer: Der Auswanderungsdruck für die Reformierten in den spanischen Niederlanden nahm in den folgenden Jahrzehnten ganz erheblich zu, Frankfurts wirtschaftliche Attraktivität für diese Flüchtlinge ebenfalls und auf Seiten der Stadtregierung auch der finanzielle Druck von Zinszahlungen und Schuldentilgung im städtischen Haushalt.

So dauerte es keine zehn Jahre, bis trotz aller Vorbehalte der Einheimischen wieder über 1.300 Flüchtlinge aus den spanischen Niederlanden in der Stadt am Main wohnten. Die Neuankömmlinge mußten sich von vornherein mit der nun eingeschränkten Religionsfreiheit zufriedengeben: Einen eigenen Kirchenraum gab es nicht mehr, aber die Obrigkeit duldete ihren Gottesdienst in von der Gemeinde angemieteten Räumen. In ihrer neuen Gestalt bestand die reformierte Gemeinde nun neben den Wallonen wiederum aus einer Minderheit flämischer Gläubigen; neben das Welsche trat das Flämische als Sprache. Die Unterschiede der Herkunft und rivalisierende Religionskonzepte waren bereits vor 1561 stark genug, um einen unterschiedlichen Gottesdienst einzuführen. 1570 gründeten die Flamen nun auf Dauer eine eigene Gemeinde. Nicht die religiöse, sondern die sozial-kulturelle Differenz zog diesen Schritt nach sich, der neben der Behauptung der sprachlichen Identität vor allem auf die Organisation einer eigenständigen Sozialfürsorge zielte.

Seitdem gibt es bis heute in Frankfurt zwei verschiedene reformierte Gemeinden: die Französisch-Reformierte und die Niederländisch- (später Deutsch-)Reformierte. Erstere bewahrte

27 Bothe, Entwicklung der Besteuerung, Beilage 23, S. 44

ihre Minderheitensprache in der Gemeindearbeit bis in den Ersten Weltkrieg hinein,[28] ihre flämischen Glaubensbrüder wechselten bereits im 17. Jahrhundert zur Sprache der Mehrheit – ein Unterschied, der teils an der wesentlich näheren Verwandtschaft des Flämischen und Deutschen, teils aber auch an dem hohen Sozialprestige und der weiten Verbreitung des Französischen im Europa des 17., 18. und 19. Jahrhunderts gelegen haben dürfte. Denn die Französisch-Reformierte Gemeinde war nicht nur in ihrer Sprache, sondern auch in ihrer sozialen Zusammensetzung anders. In ihren Reihen befanden sich außer dem Gros armer Seidenarbeiter auch viele wohlhabende oder gar sehr reiche Kaufleute und Geldhändler. Eine solche soziale Spannbreite kannte die vor allem aus Textilarbeitern zusammengesetzte niederländische Gemeinde dagegen nicht.

Zwei Dinge lassen sich aus den erhaltenen Protokollbüchern der neugegründeten Niederländisch-Reformierten Gemeinde ablesen: wie sehr die eingeschränkte Religionsfreiheit das Gemeindeleben belastete und wie gering die von der Gemeinde ausgehende offizielle Kommunikation mit der deutschen Mehrheit war. Gesprächspartner waren zunächst vor allem die wallonischen Glaubensbrüder; man verhandelte immer wieder darüber, ob überhaupt und wenn wie die neue Gemeinde die angemieteten Räume der alten nutzen dürfe oder diese sonst zur Lösung der Raumfrage beitragen könne. Die Kontakte zur Stadtobrigkeit beschränkten sich weitgehend auf die Ansprache des ihrer Sache wohlwollend gesonnenen Rats Johann von Glauburg.[29]

Die hohe Attraktivität der weitgehend autonomen Gemeinde als soziale Organisationsform sollte sich noch bei einer dritten Gruppe niederländischer Einwanderer zeigen, deren erste bereits in den sechziger Jahren des 16. Jahrhunderts aus Antwerpen nach Frankfurt gekommen waren: Mitglieder der lutherischen, dort »martinistisch« genannten Gemeinde in der flandrischen Hafenstadt, die von der spanisch-katholischen Seite dort ebenso verfolgt wurden wie ihre innerevangelische Konkurrenz, die Reformierten.[30] Nach dem (vorübergehenden) niederländi-

---

28 Schmidt, Findbuch, Einleitung

29 Meinert/Dahmer, Protokollbuch

schen Religionsfrieden von 1578 ergriff diese lutherische Gemeinde die Chance zum Neubeginn und verpflichtete mit Cassiodorus de Reina einen Theologen als Prediger, dessen Vita die Mobilität jener Zeit deutlich vor Augen führt. Als gebürtiger Spanier wandte er sich der Reformation zu, übersetzte die Bibel – darin vergleichbar mit Luther – in seine Muttersprache (erschienen 1569), predigte in Genf, London, Antwerpen, wurde 1571 Bürger Frankfurts – wo er vom Seidenhandel lebte und französischsprachige Glaubensgenossen geistlich betreute – und ließ sich nun endgültig Lutheraner geworden zum zweiten Male als Prediger in die flandrische Stadt engagieren. Die Verbindungen zwischen den Lutheranern Frankfurts und Antwerpens waren auf diese Weise besonders eng. Man übernahm dort nach Übersetzung ins Flämische das Frankfurter Gesangbuch und auch die Frankfurter Agenda (Gemeindeordnung).[31] Als 1584 der erneute Angriff des katholischen Heeres auf die Stadt drohte, emmigrierten Cassiodorus und ein Teil seiner Glaubensgenossen an den Main, der Rest folgte nach dem endgültigen Triumph der Spanier, die alle Protestanten vor die Alternative gestellt hatten: Konversion oder Auswanderung spätestens nach vier Jahren.

Unmittelbar vor dieser endgültigen Niederlage bereits gründeten die geflohenen Mitglieder der Antwerpener martinistischen Gemeinde eine Nachfolgeinstitution in Frankfurt, die sie als »fremde Glaubensverwandte Augsburger Confession« (des lutherischen Bekenntnisses, so genannt nach seiner Fixierung in Augsburg 1530) folgerichtig »Niederländische Gemeinde Augsburger Confession« nannten. Zwei Ziele verfolgte dieses Unternehmen. Man wollte einerseits mit einem eigenen Almosenkasten (Gotteskasten) die Sozialfürsorge innerhalb der Flüchtlingsgemeinde und die Unterstützung der noch in den Niederlanden gebliebenen Glaubensbrüder organisieren, andererseits aber auch einen eigenen Gottesdienst einrichten, den die Mitglieder auch verstehen konnten – ohne sich damit außerhalb der deutschen Kirchenorganisation zu stellen. Da die meisten

30 Dazu Bund, 400 Jahre; Drummer, Findbuch, Einleitung

31 Vgl. dazu auch Klötzer, Antwerpen, S. 327, zum Verhältnis der beiden Städte im Mittelalter und Neuzeit auch S. 323 ff.

von ihnen aus der frankophonen Oberschicht des sonst flämisch sprechenden Antwerpen stammten,[32] beantragte man beim Rat – der die Gemeindebildung als solche genehmigt hatte – einen französischen Gottesdienst. Sieben Jahre lang zögerte die Obrigkeit, dem Ersuchen stattzugeben, bis schließlich der altgewordene Cassiodorus und ein Prediger aus dem heutigen Frankreich den Gottesdienst in der Weißfrauenkirche aufnehmen durften, die bereits in den fünziger Jahren vorübergehend zum Ort französisch-reformierter Predigt geworden war.

Trotz dieses französischen Gottesdienstes war die Gemeinde (anders als die französisch-reformierte) nicht ausschließlich frankophon: Die Gemeindebücher wurden in flämisch geschrieben, bis – wie bei den Niederländisch-Reformierten – etwa eine Generation später (1636) ins Deutsche gewechselt wurde, womit sich die Gemeinde an einem wichtigen Punkt in die Kultur der Mehrheit integrierte. Ein Teil von ihnen (zehn Familien) konnte sogar ziemlich bald den Sprung in die gesellschaftliche Oberschicht der Stadt, in den Patrizierstand, schaffen.[33] Der eigene französische Gottesdienst hatte allerdings wesentlich länger Bestand und wurde erst etwa zweihundert Jahre nach seiner Einführung aus mangelndem Interesse wieder aufgegeben. Auch hier dürfte wie bei den Reformierten die kulturelle Dominanz des Französischen dafür verantwortlich sein, daß sich die fremde Sprache so lange behaupten konnte.

Das ursprüngliche Zögern des Rats, diesen fremdsprachigen Gottesdienst zuzulassen, obwohl er in der »richtigen«, d. h. lutherischen Form stattfinden sollte, zeigt, daß die Ambivalenzen der städtischen Politik gegenüber den frankophonen und flämischen Immigranten nicht allein auf religiösen Vorbehalten beruht haben. Auch an den kulturellen Differenzen zur Mehrheitsbevölkerung konnten sich unübersehbare Konflikte entzünden, für deren Brisanz allerdings andere Faktoren verantwortlich waren. Denn die soziale und wirtschaftliche Dynamik, die mit dieser Einwanderung unabhängig von der Religionszugehörigkeit verbunden war, hatte bis in die neunziger Jahre des 16. Jahrhunderts

32 Dietz, Handelsgeschichte II, S. 15

33 Ebenda, S. 39, Klötzer, Antwerpen, S. 327 f.

eine Situation geschaffen, die diejenige aus den fünfziger Jahren wiederholte und in vielen Momenten noch übertraf.

Nicht nur daß inzwischen mit über 3.000 Menschen (bei ca 20.000 Einwohnern insgesamt) die ursprüngliche Zahl der Einwanderer fast verdoppelt war, sondern es hatten sich auch deren soziale Zusammensetzung und die wirtschaftlichen Aktivitäten wesentlich verbreitert. Allein fast vierhundert Kaufleute kamen zwischen 1550 und 1600 nach Frankfurt.[34] Mit den Westeuropäern waren inzwischen neue Gewerbe in die Stadt gekommen oder bestehende hatten einen ganz entscheidenden Aufschwung genommen: Seidenhandel und Seidenverarbeitung standen zusammen mit dem Tuchhandel und seinen für Frankfurt völlig neuen Mischprodukten aus Wolle und Seide an der Spitze. Luxusprodukte fertigten die Posamentierer, d. h. seidene Schnüre und andere Verzierungen für modische und teure Kleidung; zu alledem gehörten die Färbereien mit modernen Techniken. Handel mit Spezerei (Gewürzen) und Material (Grundstoffen für Apotheker) war ein weiteres einträgliches Geschäft, und nicht zuletzt den Handel mit und die Verarbeitung von Gold, Silber und Diamanten hatten die Einwanderer erst richtig in Schwung gebracht. Mit der Kapitulation Antwerpens vor den Spaniern war es 1585 auch mit dem dort etablierten bedeutenden Geldhandel endgültig vorbei, und ein großer Teil dieser Aktivitäten kam mit den auswandernden Händlern nach Frankfurt.

Eine Stadt, die bisher nur zu den Messezeiten mit den Realitäten eines internationalen wirtschaftlichen Handels konfrontiert war und in der sonst meist nur für den lokalen Markt produziert wurde, hatte nun nicht nur eine enorm florierende Messe, sondern auch eine ständige überregionale Marktsituation zu organisieren. Die Reibungen, die dies für das etablierte Zunftsystem mit sich brachte, wurden sehr schnell deutlich. Handelte es sich in den fünfziger Jahren des 16. Jahrhunderts darum, daß von den Einwanderern überhaupt das Zunftsystem in Frage gestellt wurde – die Klagen der Einheimischen kamen meist aus Zünften, die von der neuen Situation objektiv nur am Rande berührt wurden –,[35] so ging es nun an die Substanz. Die

34 Dietz, Handelsgeschichte II, S. 62

Seidenmanufakturen arbeiteten in der Regel erstens ohne Beschränkung in der Zahl der Webstühle; damit war die Konkurrenz durch den Kapitaleinsatz und nicht durch schützende Normen bestimmt. Zweitens beschäftigten sie Arbeiter, die im Stücklohn nach Akkord bezahlt wurden; damit war die Konkurrenz um die Arbeitskräfte offen, denn es ließen sich so für die Lohnarbeiter wesentlich höhere Löhne realisieren. Und schließlich produzierte man in den Manufakturen auf Lager und konnte deshalb bei einem Preisverfall auf günstigere Momente für den Warenabsatz warten, was – wie die beiden ersten Punkte auch – wesentlichen Elementen des zünftischen Systems widersprach.[36]

Die städtische Obrigkeit war bei all dem der Ambivalenz ihrer Interessen ausgeliefert. Der wirtschaftliche Aufschwung durch die Aktivitäten der Neuankömmlinge war für die städtischen Finanzen hochwillkommen, doch seine sozialen Begleiterscheinungen konnten auf Dauer nicht ignoriert werden. Es gibt Anzeichen, daß der den Rat beherrschenden Oligarchie die Finanzkraft einiger Immigranten gefährlich zu werden schien, obwohl sie sich selbst bereits mehr oder weniger aus dem produktiven Sektor herausgezogen und den Status adliger Rentiers eingenommen hatten.[37] Doch wesentlich ernster als diese verhältnismäßig bescheidene Bedrohung ihrer ständisch gut abgesicherten Herrschaftsposition in der Stadt mußte sie die Reaktion der sich in ihrer Existenz bedroht sehenden Zünfte nehmen, die sich mit den Angriffen der lutherischen Theologen auf die Reformierten unter den fremden Zuwanderern verband.

Hinzu kam, daß die Situation der Flüchtlinge in der Stadt für den Rat unübersichtlich blieb. Hatte er zunächst versucht, die Aufnahme auf die Reichen unter ihnen zu beschränken, mußte er bald den Gesetzen eines immer angespannteren Arbeitsmarktes nachgeben, und die Zuwanderung niederländischer Lohnarbeiter tolerieren.

---

35 Schilling, S. 52 ff.

36 Ebenda S. 24 ff., Meyn, S. 204 ff.

37 Schilling, S. 55

»Es ist meniglich allhie bewußt . . . das durch den seidenhandell viel teutsch gesindt sowol von ihren gelerneten handwerckern als von der gewohnlichen feltarbeit und haußdinsten abgezogen und zu gemelter seidenarbeit teglich gebraucht werden«, wurde von Seiten der Obrigkeit konstatiert.[38] Dabei hatte sie den Überblick über die Anzahl der bereits eingewanderten Wallonen und Niederländer verloren und bat um Aufklärung durch die reformierten Gemeinden.[39]

Doch die Liberalisierung der Einwanderung wurde alsbald durch andere Maßnahmen konterkariert. Zunächst setzte man zu Beginn der achtziger Jahre die Steuern auf die Seidenstoffproduktion herauf, verschärfte diese Maßnahme in den neunziger Jahren und setzte zugleich durch die Begrenzung der Webstuhlzahl den Unternehmen wirtschaftlich wesentlich engere Grenzen.

Zugleich wurde 1589 den niederländischen und welschen Bürgern der Stadt angedroht, daß jede Heirat mit einer »ausländisch fremden Person« den Verlust ihres Bürgerrechts nach sich ziehen würde. Absicht war, »wie dem niederländischen und welschen Gesinde, aber auch ihren Kirchen und Conventiculn einigermaßen zu begegnen sei, damit sich dieselben nicht also gar haufenweise hierher einschleichen möchten«. Drei Jahre später wurde diese Bestimmung kassiert – zugleich aber jede weitere Aufnahme von Fremden als Beisassen ausgeschlossen.[40] 1595 hob man das faktische Verbot von Heiraten zwischen Frankfurter und Nichtfrankfurter Reformierten prinzipiell wieder auf, machte aber jeden einzelnen Fall von der Zustimmung des Rats abhängig – eine Entscheidung, die allerdings gegen den heftigen Widerstand einer Ratsminderheit gefallen war, die weiter mit aller Schärfe die wirtschaftliche »Überfremdung« verhindern wollte.

---

38 Ordnung der welschgemachten Arbeit, hg. von Bücher/Schmidt, Frankfurter Zunfturkunden I, S. 394

39 Meyn, Reichsstadt, S. 228ff.

40 Ratschlagungsprotokoll vom 4. 6. 1592, modernisierte Fassung, Druck des Originals bei Meinert, Eingliederung, S. 468

Plädoyer einer Ratsminderheit für das Heiratsverbot (1595)

»Den Niederländern und Wallonen sei an ihrem Konvent und Kirchenwesen einigermaßen Schaden zu zufügen, damit sie nicht so zahlreich werden und die Bürgerschaft in allen Commercien und Handlungen nicht so deutlich belastet werden – wie die Exempel es bezeugen, daß die vornehmen deutschen Bürger, deren Vorfahren bereits vor ihnen mit ihren Handlungen floriert haben, nunmehr wegen der geschwinden Praktiken und Finanzmöglichkeiten dieser fremden Völker in einen Niedergang geraten, während jene in gutem Zustand und Aufschwung sind . . .«[41]

Wirksamer als diese widersprüchliche Bevölkerungspolitik erwies sich das erneute Verbot des reformierten Gottesdienstes, das 1594 zuerst die Niederländisch-Reformierte Gemeinde traf und zwei Jahre später auch ihr frankophones Pendant. Auf diese neue Repression reagierte etwa die Hälfte der Betroffenen mit Auswanderung, vor allem nach Neu-Hanau. Diesen Stadtteil Hanaus hatte der um reformierte Ansiedlung sehr bemühte Landesherr eigens für die Wallonen und Niederländer errichten lassen.[42] Die entsprechenden wirtschaflichen Folgen dieses Massenabzugs blieben in Frankfurt nicht aus. Auf den Boom der letzten Jahrzehnte folgte eine ebenso heftige Rezession, zu den Verlierern der vorigen Epoche (verarmten einheimischen Handwerkern) kamen nun noch zahlreiche arbeitslose Lohnarbeiter sowohl unter den Einheimischen als auch unter den verbliebenen Einwanderern hinzu.

Fünf Jahre später revidierte der Rat notgedrungen seine restriktive Kirchenpolitik und gestattete den Reformierten, außerhalb der Stadtmauer in einer Holzkirche zusammenzukommen, was eine Anzahl der Betroffenen zur Rückwanderung veranlaßte. Doch auch dieser Kompromiß hielt nicht lange: Die

41 Ratschlagungsprotokoll vom 1. 8. 1595, modernisierte Fassung, Druck des Originals wie oben, S. 546 ff.

42 Meyn, Reichsstadt, S. 142 ff.; Bott, Gründung

Holzkirche brannte nieder und durfte nicht wieder aufgebaut werden. Die Reformierten mußten nun fast zwei Jahrhunderte lang zu ihrem Gottesdienst zunächst nach Offenbach, dann nach Bockenheim gehen.

Die ambivalente Politik des Rats gegenüber den eingewanderten Wallonen und Flamen hatte also diese zweimal vor die Alternative gestellt: bleiben unter erschwerten Bedingungen oder wegziehen, um das eigene religiöse Leben ungestört entfalten zu können. Beide Male war mit dieser Repression der Einwanderungsbewegung mehr oder weniger die Spitze genommen. Voraussetzung für das Weiterwandern waren allerdings das Interesse der Herren umliegender Territorien an der Wirtschaftskraft dieser Menschen und darüber hinaus auch die Erfolge des niederländischen Aufstands gegen die Spanier, die für manche eine endgültige Rückkehr möglich machten. Das Ausweichen in günstigere Verhältnisse aber kam auch Frankfurt selbst in dem Moment zugute, als in anderen deutschen Städten (vor allem Köln) niederländische Flüchtlinge durch stärkere Repressalien zum Abzug gezwungen wurden.

Daß bei all diesen Wanderungsbewegungen die Religion immer eine ausschlaggebende Rolle gespielt haben müsse, steht allerdings nicht zu vermuten. Selbst die Auswanderung aus den spanischen Niederlanden dürfte in vielen Fällen auch durch wirtschaftliches Kalkül bestimmt gewesen sein, entsprechen doch dortige konjunkturelle Schwankungen in etwa den Schwankungen der Auswandererzahlen.[43] Auswanderungsmotive, Organisation und Verhalten als Minderheit in der neuen Heimatstadt bildeten ein komplexes Gefüge, das durch aktuelle politische Ereignisse zwar angestoßen, aber nicht grundlegend gestaltet werden konnte. Allein die Differenzierung der in Frankfurt lebenden Exilanten in drei unterschiedliche Gemeinden macht schon eine erhebliche Spannbreite deutlich, die sich durch die sozialen Unterschiede zwischen Manufakturarbeitern und reichen Kaufleuten in den einzelnen Gemeinden noch erweitert.

43 Schilling, Exulanten, S. 19 ff.; Meyn, Reichsstadt, S. 228 ff.: Herzog Alba erhob 1567 neu eine Umsatzsteuer von 10%, die viele Kaufleute und Unternehmer nicht aufbringen wollten.

Arbeitskraft geht in der Regel mit dem Kapital, wenn beides in einem engen sozio-kulturellen Zusammenhang steht, und so bildeten die Exilanten trotz ihrer ökonomischen Polarisierung stabile Gruppen innerhalb der deutschsprachigen Mehrheitsgesellschaft, in der die sozialen Antagonismen meist erheblich virulenter zutage traten. Wenn man einem lutherischen Zeitgenossen des 18. Jahrhunderts Glauben schenken darf, war der wirtschaftliche Konnex der reformierten Gruppen so stark, daß ihre Mitglieder benötigte Waren, wenn es irgend ging, nur von Lieferanten gleichen Glaubens bezogen haben.[44] Die Fähigkeit, bei zu großem Druck in andere Städte oder Länder ausweichen zu können, und die stets gepflegten Verbindungen in die alte Heimat oder andere Auswanderungszentren trugen neben der inneren religiösen Sicherheit weiterhin zu einem wirksamen Autonomiebewußtsein bei. Im Blick auf das Auswanderungsverhalten einiger reicher Kaufmannsfamilien kann man sogar von einer gezielten Verteilung der Familienmitglieder auf die wichtigsten Zentren, also von der bewußten Bildung eines wirtschaftlichen Filialnetzes sprechen.[45] Welches Mißtrauen die traditionellen Kaufleute dieser neuen Konkurrenz entgegenbrachten, zeigt die Gründung der Frankfurter Börse 1585, als sich einheimische Kaufleute mit solchen aus Nürnberg und aus anderen deutschen und italienischen Städten zusammenschlossen, um sich gegen den finanziellen Einfluß der Vertriebenen wehren zu können – eine Institution, deren Aufschwung dann später allerdings von ebendiesen Niederländern (und ihren Nachkommen) ganz wesentlich mitgetragen werden sollte.[46]

Das sozial-religiös-kulturelle Netz der niederländischen Einwanderer im frühneuzeitlichen Frankfurt, dessen letzte Maschen in den fortbestehenden Gemeinden noch heute sichtbar sind, macht die Stärken und Schwächen der vorindustriellen städtischen Gesellschaftsordnung deutlich, in der sich große Autonomie einzelner Minderheiten mit sehr festen sozio-kulturellen Bindungen für die einzelnen ebenso paarte wie traditionelle

---

44 Schudt, Merckwürdigkeiten II, S. 165, siehe Soliday, Community, S. 194

45 Schilling, Exulanten, S. 24 ff.

46 Dietz, Handelsgeschichte III, S. 214 ff.

Herrschaftsverhältnisse mit massiven Veränderungen im sozialen Gefüge bei der Mehrheit. Die weitreichende Trennung der patrizischen Oberschicht von der handwerklichen Mehrheit der Stadtbürger hatte die Einwanderung der Wallonen und Niederländer überhaupt erst möglich gemacht. Die Furcht vor politischer Rebellion dieser einheimischen Bürgerschaft veranlaßte den Rat zugleich zu seiner repressiven Religionspolitik, die die Bedingungen der Einwanderung erheblich verschlechterte und Integration auf gleicher Rechtsbasis verhinderte. Direkte politische Macht zu gewinnen war so den reformierten Exilanten bereits im Ansatz verwehrt. Die wohlhabenderen unter ihnen konnten zwar in dieser Phase noch ohne weiteres das Bürgerrecht erwerben, doch als Reformierte – darin vergleichbar mit den eingesessenen Katholiken[47] – keinerlei städtische Ämter übernehmen, waren also auch pro forma vom städtischen Regiment ausgeschlossen. Politischen Einfluß vermochten sie so nur indirekt über ihre wirtschaftlichen Mittel zu erreichen: als Steuerzahler, als Arbeitgeber, als Promotoren wirtschaftlicher Prozesse.

Aufstand von Bürgern: neue Bündnisse und alter Haß

Die religiösen und wirtschaftlichen Einschränkungen des ausgehenden 16. Jahrhunderts hatten der Einwanderungsbewegung von Wallonen und Niederländern die Spitze genommen. Damit war aber zugleich eine wirtschaftliche Krise heraufbeschworen worden, die die Antagonismen innerhalb der einheimischen, lutherischen Mehrheit, d. h. zwischen Patriziat und Bürgergemeinde, 1612 auf einen neuen Höhepunkt steigerten: den nach seinem Anführer Vincenz Fettmilch benannten Aufstand gegen die Ratsherrschaft.[48] Der Lebkuchenbäcker war selbst einst nach Frankfurt eingewandert und konnte sich an die Spitze der immer stärker werdenden Protestbewegung gegen die Politik des

47 Zur sozialen und politischen Rolle der Frankfurter Katholiken seit der Reformationszeit fehlt bisher eine eingehendere Untersuchung

48 Dazu Meyn, Reichsstadt; Schindling, Exulanten, S. 229 ff.

Stadtregiments setzen. Fettmilch war der Repräsentant einer innerhalb von 60 Jahren in vielerlei Hinsicht veränderten Mehrheitsbevölkerung. Die Einwanderung von Juden und reformierten bzw. lutherischen Wallonen und Flamen war selbst nur der sichtbarste Ausdruck einer demographischen Entwicklung, an der die deutschsprachigen Einwanderer aus den umliegenden Regionen jedoch den quantitativ wichtigsten Anteil hatten. Von 1550 bis 1620 war die Einwohnerschaft der Stadt um 75% gewachsen, von etwa 11.000 auf ca. 20.000. Wenn man die dauerhafte jüdische und wallonisch-niederländische Zuwanderung auf etwa 3.500 Personen veranschlagt, bleibt ein Wanderungsgewinn von 5.500 deutschsprachigen Christen (einschließlich einiger Reformierter und Katholiken).[49]

Die städtische Bevölkerung bestand also bei den Wallonen und Niederländern insgesamt, bei den Juden und den deutschsprachigen Christen zum überwiegenden Teil aus Einwanderern oder stammte wenigstens zu einem Eltern- oder Großelternteil von solchen ab. Denn die Geburten- und Sterberate der Bevölkerung war (bis in das 19. Jahrhundert hinein) in der Regel noch nicht einmal ausgeglichen, meist überwog die Anzahl der Toten die der Neugeborenen um einige Prozentpunkte.[50] Das demographische Wachstum der städtischen Gemeinschaft basierte also nicht auf »einheimischer« Vermehrung, sondern aus Zuwanderung von Fremden, die in ihren jeweiligen sozial-kulturellen Auffanggruppen offenbar recht schnell heimisch werden konnten.

Die demographische Dynamik korrespondierte der wirtschaftlichen und sorgte zusammen mit dieser für eine Erschütterung der althergebrachten sozialen und rechtlichen Strukturen. Einwanderung und Fremdheit waren so nicht ein für sich stehendes Problem, sondern stets Teil eines umfassenderen gesellschaftlichen Veränderungsprozesses. Und dennoch wurden sie in der politischen Argumentation immer wieder als Probleme isoliert, und man behauptete immer wieder, daß man sie durch Begrenzungen der Zugehörigkeit positiv oder negativ lösen könne. In diesem Schema ist Fremdheit zum Gegenstand politischer Defi-

49 Zahlen nach Soliday, Community, S. 35

50 Soliday, Community, S. 38

nitionen geworden, die die religiös-kulturelle Andersartigkeit für lange Zeit als rechtlich und sozial negativen Status festschreiben konnten.

In ihrem Aufstand gegen die patrizische Oligarchie ging es den Frankfurter Bürgern unter anderem ganz wesentlich um die Revision der Zugehörigkeiten – nur daß nun die Lage nicht mehr so einfach war. Denn nicht etwa Alteingesessene standen Zuwanderern entgegen oder Lutheraner Reformierten. Vielmehr waren nicht wenige der (bisweilen schon vierzig Jahre zuvor) eingewanderten Wallonen und Flamen nun selbst Mitakteure des Aufstands – wenn auch nicht an vorderster Front – und versuchten, ihre Rechte als Bürger einzuklagen. In ihrem Aufstand hatte die Bürgerschaft Einblick in bisher vom Rat geheimgehaltene Privilegien und Abmachungen nehmen können und dort einen Text gefunden, in dem der Rat den Wegzug aus Frankfurt in eine bestimmte Stadt nicht nur für Leibeigene und Juden, sondern auch für Welsche und Niederländer an eine hohe Abzugssumme bindet. In ihrer Beschwerdeschrift findet die Bürgerschaft dies unverschämt und ungerecht: Die Gleichsetzung der genannten Nationen sei ehrverletzend und schimpflich – die Welschen und Niederländer wollen also um alles in der Welt nicht mit den Juden in einen Topf geworfen werden –, und außerdem trügen die Welschen und Niederländer die gleichen bürgerlichen Lasten wie die anderen Bürger, auch sei bei ihrer Bürgeraufnahme keine Rede von einem Status minderer Art gewesen.

Beschwerde der Bürgerschaft über Diskriminierungen durch den Rat (1612)

»Man kommt auch in glaubwürdige Erfahrung und hat sich nunmehr aus E[ines] E[hrbaren] Rats communiciertem Privilegienbuch befunden, daß diese Stadt mit anderen benachbarten Reichsstädten im alten Herbringen des freien Ein- und Abzuges gewesen, welches E. E. Rath vor wenig Jahren in einem Vertrag mit der Stadt Worms also restringiert, daß Leibeigene, Juden, Welsche und Niederländer darunter nicht gemeint oder verstanden sein sollen; welche schimpfliche und ehrenverkleinerliche Comparation den Nationen nicht allein hochbeschwerlich, sondern auch, weil sie alle bürgerliche Last und Beschwerden nicht weniger als andere Bürger tragen helfen, bei ihrer Aufnehmung und Leistung des bürgerlichen Eids einiger Separation, viel weniger solcher verkleinerlichen Comparation im geringsten nicht sind erinnert, sondern gleichergestalt und -maßen wie ander auf- und angenommen worden, allen Rechten und natürlicher Billigkeit zuwider und derowegen billig zu cassieren und aufzuheben ist.«[51]

Das Bündnis von deutschen und wallonisch-flämischen Bürgern funktionierte so zumindest in der Abgrenzung von anderen: vor allem von den Juden. Für die Wiedereinführung der reformierten Religionsfreiheiten machte sich allerdings die verbündete Bürgerschaft nicht stark, auch wenn die Betroffenen die Gelegenheit zur Revision gern genutzt hätten. Und ein zweites verdeutlicht dieser Beschwerdeartikel: Der Rat hatte (fast) alle herrschaftlichen Möglichkeiten, die Einwanderung nach seinen Vorstellungen zu steuern und die Bedingungen mit den Immigranten auszuhandeln. In seiner Rechtfertigung zu diesem Artikel unterstreicht er dies noch einmal und reibt seinen unzufriedenen Bürgern die ursprünglichen Differenzen unter die Nase, um so das neue Bündnis bisheriger Konkurrenten ein wenig zu unterminieren. Die einen wurden nachdrücklich an ihren Aufstieg aus dem Nichts, die anderen an den wirtschaftlichen Schaden, den sie dadurch erlitten, erinnert. Die aufgenommenen Vertriebenen sollten sich also eher bedanken als beschweren – vor allem, weil die Modalitäten des Abzugs aus der Stadt bereits bei der Aufnahme verhandelt werden konnten.

Rechtfertigung des Rats (1612)

»Das vierzehnte gravamen hat auch einen geringen Nachdruck; denn E. E. Rat keine Ursache finden kann, woher, das Beneficium des Abzugs einem mitzuteilen, dem andern nicht, ihm

51 Gravimina der Bürgerschaft gegen den Rat in puncto regiminis, von Vincenz Fettmilch und anderen am 25. August 1612 den Städtegesandten überreicht, am 2. bzw. 12. September 1612 den Bürgern im Rahmhof vorgelesen, gedruckt bei Bothe, Entwicklung, S. 381 ff.

benommen sein sollte, sonderlich [was] die fremden Nationen anbelangt, unter denen sehr viele – welche bloß und ohne Nahrung anhero kommen und hernach durch ihr Gewerb und Geschicklichkeit, dadurch sie auch den deutschen Bürgern ihre Hantierung entzogen oder geschmälert, also daß dieselben selbst mehrmals darüber geklagt – eine große stattliche Nahrung allhier erworben und derohalben, sie also frei abziehen zu lassen, für unziemlich, daneben aber für billig gehalten wird, daß, nachdem sie als Vertriebene aufgenommen, sich dessen mehr zu bedanken als zu beschweren und solches allen anderen Beneficiis vorziehen sollten, bevorab da ihnen freigestanden, als sie anhero gekommen, mit was Condition sie allhier sein könnten, sich zuvor wohl zu erkundigen, wie denn etlich getan und mit E. E. Rat sich insonderheit des Abzugs halben verglichen haben.«[52]

». . . mit was Condition sie allhier sein könnten«, bezieht sich auf den rechtlichen Status der Immigranten, dessen Differenzierung in der zweiten Hälfte des 16. Jahrhunderts ein wichtiges Element der Einwanderungspolitik geworden war. Erst zu dieser Zeit hatte sich das alte Ziel des Rats, für alle christlichen Einwanderer den Beisassenstatus immer nur als Interim auf dem Weg zum vollen Bürgerrecht zuzulassen, in der Praxis durchgesetzt. Nun waren wegen der konfessionellen Differenzen bereits innerhalb der Bürgerschaft unterschiedliche rechtlich-politische Realitäten entstanden, und der Rat sowie einige Immigranten hatten ein großes Interesse, den Beisassenstatus zu bewahren. Bei letzteren lag dies an der Möglichkeit, einfacher aus der Stadt wegziehen zu können. Das Bürgerrecht bedeutete hingegen die festere Bindung einer Solidargemeinschaft. Man verpflichtete sich mit dem Bürgereid, auch in Notzeiten das Schicksal der Bürgergemeinde zu teilen, konnte also unter Umständen seinen wirtschaftlichen Schwerpunkt nicht so einfach verlagern. So ist es sicherlich kein Zufall, daß der zu jener Zeit reichste Mann der

52 Beständige gegenberichtliche Deducationsschrift des Rats in puncto regiminis (am 1. September 1612 den Städtegesandten eingereicht), Druck wie oben, S. 393 ff.)

Stadt (Johann Bodeck, †1631) ein Immigrant war und zeitlebens Beisasse blieb, obwohl er als lutherischer Niederländer alle Privilegien des Frankfurter Bürgerrechts hätte genießen können.[53]

Daß andererseits der Rat, der in diesem Falle die Verleihung des Bürgerrechts vorgezogen hätte, in anderen Fällen den Beisassenstatus als bevölkerungspolitisches Instrument wieder zu gebrauchen lernte, geht aus einem weiteren Beschwerdeartikel der Bürgerschaft hervor.

Beschwerde der Bürgerschaft über die Einwanderungspolitik des Rats (1612)

»15. Hat E. E. Rat eine große Menge armer Beisassen, herrenlose Mägde und ander Gesindlein, nur um des geringschätzigen Gelds willen, so sie anfangs erlegen, aufgenommen, dadurch Teuerung, allerhand Schande und Laster, Ungehorsam gegen die Herrschaft und andere Beschwerungen verursacht werden. Darum solches nicht mehr hinfüro nachzusehen; doch sollen arme Witwen, und wer sich redlich zu ernähren begehrt, hiermit nicht gemeint sein.«[54]

Ohne auf das eigene finanzielle Interesse an der Beisassenaufnahme einzugehen, kontert der Rat mit einem wirtschafts- und einem ordnungspolitischen Argument: Die – inzwischen ja zur klagenden Bürgerschaft gehörenden – Unternehmer neuer Art und die vom Bauboom profitierenden Maurer hätten nach Arbeitskräften verlangt, und er selbst, der Rat, habe für die geregelte Aufnahme der Fremden eigens eine Behörde geschaffen.

Rechtfertigung des Rats (1612)

»Bei dem fünfzehenten ist an dem, obwohl die Bürgerschaft articulierte Leute mehrerteils selbst zu sich hereingezogen, sonderlich die Passamentierer, Seidenfärber, Diamant- und

53 Dietz, Handelsgeschichte II, S. 188; Bund, 400 Jahre, S. 11, Klötzer, Antwerpen, S. 327 f.

54 Druck bei Bothe, Entwicklung, S. 381 ff.

Rubinschneider und dergleichen, welche ihre Hantierung ohne viel Gesind nit treiben, desgleichen auch die Maurer ohne Handreicher nit sein können, daß doch dagegen eine Aufsicht vor etlichen Jahren angestellt, dazu sondere Ratsverwandte verordnet, die dem Überfluß, so viel möglich, zu steuern und abzuwehren Befehl haben, denen auch solches zu tun nochmals anbefohlen werden soll.«[55]

Diese neue Aufsicht war das »Inquisitionsamt«, das 1595 vom Rat eingerichtet wurde und von nun an zuständige Behörde für Beisassen und Fremde mit begrenztem Aufenthaltsrecht (später Permissionisten genannt) war. Dieser bürokratische Reflex auf die Realitäten des Arbeitsmarktes und seiner demographischen Folgen verfestigte seinerseits die rechtlichen Unterschiede in der Einwohnerschaft, auf die die aufständischen Bürger einen so hohen Wert legten und deren Gestaltung zum Kern der künftigen politischen Auseinandersetzungen in der Stadt gehören sollte.

Dem aufständischen Druck der Zünfte und Kaufleute mußte der militärisch wie politisch entmachtete patrizische Rat schließlich nachgeben und einem neuen Bürgervertrag zustimmen, in dem unter anderem die hier zitierten Punkte zur Zufriedenheit der Bürgerschaft in ihrer neuen Gestalt geregelt wurden.

Bürgervertrag (1612/13)
»Zum 9. sollen hinfüro alle Bürger dieser Stadt, sowohl eingeborene als eingenommene, ohne Unterschied bei allen bürgerlichen Freiheiten gleich geschützt und beschirmt und zur Abtilgung des mit der Stadt Worms der Welschen und Niederländer freien Abzugs halber gemachten Contracts geschrieben werden. Zum 10. soll der Rat der überhäuften Beisassen halber gebührliche Anordnung und solche Vorsehung tun, damit die Bürgerschaft deswegen weiter nicht beschwert werde.«[56]

55 Wie oben, S. 393 ff.

56 Kommissionsabschied oder Bürgervertrag (24. Dezember 1612 bzw. 3. Januar 1613), Druck wie oben, S. 492 ff.

Die »gebührliche Anordnung und Vorsehung« im Hinblick auf die »überhäuften Beisassen« und Fremden wurde ein Jahr später präzisiert und dabei insbesondere auf den Sicherheits- und Armutsaspekt Gewicht gelegt. Denn die Einwanderung von Vertriebenen und bedürftigen Familien wurde von der Bürgerschaft gefürchtet, Arbeitskräfte aber gebraucht – so sollte die Obrigkeit also Strunzer und Bettler aus der Stadt verweisen und nur solche gutwilligen Arbeitskräfte aufnehmen, die nicht von ihrer jeweiligen Regierung aus dem Land gejagt worden waren, sondern korrekte Ausweispapiere vorweisen konnten.

Zusätzliche Bestimmungen zur Aufnahme fremder Menschen (1614)

»Der Inquisition über die fremden Personen betreffend, so auf diesem Amt geschrieben werden . . .

Und obwohl auf diesen geringen Nutzen nicht hoch zu sehen und der Stadt verträglicher wäre, daß solche Leute, da man nicht wissen kann, ob es Landesverwiesene oder andere Personen seien, als welche mit Weib und Kindern der Bürgerschaft mit nicht geringer Beschwernis täglich vor den Türen liegen und nicht alle auf Arbeit, wie sie sich angeben, sondern vielmehr auf das Betteln sich befleißigen . . . womöglich gänzlich abgeschafft würden: jedoch aber, wie man vernimmt, wegen der Feld- und anderer notwendiger Arbeiten die gänzliche Abschaffung nicht allerdings wohl sein kann: hierum sollen die dazu verordneten Herren auf solche Personen, welche also des Strunzens und Bettelns beneben ihren Weib und Kindern sich bishero gebraucht [haben], sehen, daß nicht allein dieselben, sondern auch, welche hinfürder angenommen [und] geschrieben [werden] und sich dessen auch befleißigen, alsobald aus der Stadt abgeschafft; zumal auch keiner mehr geschrieben werden soll, er habe denn einen guten Schein, wo und unter welcher Herrschaft, auch bei wem er sich letztlich aufgehalten, ehe er anhero gekommen [ist] auzuweisen.«[57]

57 Visitationsordnung, wie dieselbe durch den Rat zu Frankfurt wegen gemeiner Stadt Ämter den Herren Kommissarien übergeben und durch sie in Kommissions-Namen zu confirmieren [ist], 4. Febr. 1614 [alter Stil]; Druck wie oben,

Diese Angst vor den armen Fremden war von der Bürgerschaft auf die Begriffe Teuerung, Schande, Laster, Ungehorsam gegen die Herrschaft gebracht und so als wirtschaftlicher, moralischer und sozialer Vorbehalt gegen einen freien Zuzug rationalisiert worden – allein arme Witwen und anständige Arbeitssuchende sollten geduldet werden.

Doch Angst, Vorurteile und Abwehrhaltung gegenüber den armen fremden Christen standen – wohl weil die Gruppe dieserart Fremder so wenig homogen und damit greifbar war – in keinem Vergleich mit der Stimmung, die sich im Verlauf des Aufstands gegen die jüdischen Einwohner artikulierte. Bereits im Spätsommer 1612 waren bei Tumulten Juden von Handwerkern (meist Gesellen) angegriffen worden. Die Bürgerschaft forderte vom Rat, die Juden zu vertreiben oder ihnen doch wenigstens durch geeignete Mittel die wirtschaftliche Grundlage zu entziehen, d. h. durch eine städtische Bank die nötigen Kredite für christliche Einwohner bereitzustellen und alles zu tun, um den (nach den Stättigkeitsvorschriften) verbotenen Handel mit Waren zu unterbinden.[58]

Was sich da zusammengebraut hatte, berichteten Anfang 1613 die vom Kaiser zur Lösung des innerstädtischen Konflikts eingesetzten Kommissare. In ihrer eigenen vorurteilsvollen Sicht schildern sie die Probleme zwischen einem Teil der christlichen und jüdischen Einwohnerschaft und beleuchten auch die Rolle der städtischen Herrschaft in dieser Situation: Es seien viel zu viele Juden »in der Gasse« (also im Getto), durch ihre Wucherzinsen ruinierten sie zahlreiche Christen, selbst reiche Kaufleute, und der Rat unterstütze sie dabei noch durch die Beschleunigung von Pfändungen. Das Mißtrauen gegen den Rat und die Stimmung gegen die Juden sei derartig aufgeheizt, daß die Kommissionsmitglieder nur mit ihrer ganzen Autorität und Versprechungen auf Änderung der Verhältnisse das Schlimmste verhüten konnten.

S. 531ff. (hier S. 549)

58 Meyn, Reichsstadt, S. 67 und 70

Bericht der kaiserlichen Kommission zur Lage in der Stadt (1613)

»... wie gar ein groß Übermaß der Juden sich in der Gasse befunden, welche sich überdies mit Studenten und anderen Beisassen also behängt und gestärkt, daß deren Anzahl sich auf etliche Tausend belaufen möchte. Nun hat es mit dem jüdischen Haufen und Gesind diese Beschaffenheit, daß sie keine gewisse Hantierung treiben, sondern sich mit dem jüdischen Gesuch auf armen, benötigten, sowohl in der Stadt Frankfurt als nächst angrenzenden Orten gesessenen Christen durchbringen und ernähren müssen; dadurch dann nicht allein der Mehrerteil Bürger zu Frankfurt und den benachbarten Herrschaften angehörige Untertanen in solche Armut geraten, daß sie bald Haus und Hof, Weib und Kinder verlassen und ins Elend an den Bettelstab sich begeben müssen; und solches vornehmlich darum, dieweil sie nicht vermöge der Reichsconstitutionen auf leidliches und übliches Interesse mit den Leuten handeln, sondern ... 20, 30, ja wohl bis in die 40 und 50 pro cento nehmen, die Säumigen mit solchen geschwinden Executionsprocessen, Pfändungen und Arresten treiben und nötigen, daß dadurch doch wohl nicht wenige vornehme Handelsleute in wenig Jahren hero zum Fallimento notwendig geraten müssen. So ist ein Zeit hero die Handbietung und Hilfe bei dem Rate in den jüdischen Schuldsachen gegen In- und Ausländische so schleunig gewesen, daß wohl dagegen zu Zeiten weder Appellationes noch andere im Recht zugelassene Exceptiones [haben] stattfinden wollen. Aus welchem allem das Mißtrauen gegen den Rat nicht allein vielfältig zugenommen, sondern die Judenschaft bei den Bürgern so verhaßt gemacht worden, daß, wo nicht die Anwesenheit der Herren Kommissarien etwas Respekt verursacht, benebens auch dem gemeinen Manne die gute Hoffnung gemacht worden wäre, daß Ihre Majestät dabei eine billigmäßige Moderation förderlich treffen würde, ein ganz gefährlicher Auflauf und Zerschlagung der ganzen Kommissionshandlung unzweifelhaft erfolgt wäre. Es ist auch nachmals zu besorgen, da hierin der Bürgerschaft nicht förderliche Hilfe und Erleichterung widerfahren sollte, daß man [sich] dieserorts schwerlich eines beständigen, ruhigen Wesens und Regiments zu getrösten haben.«[59]

Zur Beruhigung der Lage schlugen die Kommissare einerseits die Festlegung des Zinssatzes auf die unter Kaufleuten üblichen 8% vor – was die jüdischen Geldverleiher den für sie nötigen Risikoaufschlag gekostet hätte und ihre Geschäfte völlig unrentabel hätte werden lassen – und andererseits eine veränderte Bevölkerungspolitik, die die »Anzahl der Juden um ein Gutes moderieren, vor ab der Beisassen halber«, d. h. durch Ausweisung oder Abweisung ganz erheblich reduzieren sollte.

Die von den Kommissaren am eigenen Leibe wahrgenommen Spannung, die zu diesem Zeitpunkt nur durch ihre Anwesenheit und ihre Versprechungen noch nicht in eine gefährliche Zusammenrottung umschlug, sollte sich jedoch im folgenden Jahr in gewaltvollen Aktionen entladen. Unter der Führung Fettmilchs wurden 1614 Mitglieder des Rats gefangengenommen und abgesetzt, die ultimative Aufforderung des Kaisers, den Aufruhr abzubrechen, mißachtet. Die im bisherigen Aufstand gegen die Ratsoligarchie verbündeten Einwohner (Handwerker, reformierte und lutherische Kaufleute, Gesellen) entdeckten allerdings angesichts der drohenden Strafe wieder ihre unterschiedlichen Interessen, und so zogen sich vor allem die Kaufleute aus dieser Eskalation zurück.

Der Aufstand radikalisierte sich nun und suchte seine Opfer im schwächsten Teil der verhaßten Gegnerschaft. Am 22. August 1614[60] setzte sich eine zum Teil bewaffnete Menge von Gesellen und Bürgern in Bewegung, um die Judengasse zu stürmen. Trotz heftiger Gegenwehr ihrer Einwohner konnten die Christen eindringen und die jüdischen Häuser systematisch plündern. Daß dieser Gewaltakt nur von einem Teil der Bürgerschaft unterstützt oder gebilligt wurde, geht aus der späteren gerichtlichen Untersuchung hervor: Einige Christen halfen Juden, ihre Wertsachen bei sich unterzubringen. Doch funktionierte solche Hilfe nur sehr begrenzt, die jüdische Gemeinde hatte mit einem Schlage den Schutz ihrer Gasse und den Großteil ihres Besitzes ver-

59 Bericht der Kommissare an den Kaiser (12. Januar 1613), Druck wie oben, S. 511 f.

60 Gemäß altem Stil, das Datum entsprechend der erst später in Frankfurt übernommenen Gregorianischen Kalenderreform wäre der 1. September.

Zeitgenössisches Flugblatt:
Sturm auf die Judengasse und Vertreibung der Juden

loren und wurde auf Befehl Fettmilchs geschlossen aus der Stadt vertrieben.

Für die aufständischen Bürger war dieses Pogrom, bei dem nur durch ein Wunder nicht mehr als zwei Verteidiger und ein Angreifer umgekommen waren, jedoch nur ein Pyrrhus-Sieg. Zwar hatten sie ihre langgehegte Absicht, die Juden aus der Stadt zu vertreiben, endlich in die Tat umsetzen können. Anders als bei den blutigen mittelalterlichen Vorläuferaktionen konnte und wollte die kaiserliche Autorität allerdings diesmal die brutale Verletzung auch ihrer eigenen Rechte – die Juden waren schließlich immer noch ihrem besonderen Schutz unterstellt und zahlten kräftig dafür – nicht hinnehmen. Die gegen die Anführer des Aufstands Anfang September noch ohne Wissen von dem Pogrom verhängte und nun doppelt begründete kaiserliche Ächtung brachte weitere Teile der Bürgerschaft dazu, sich von ihnen zu distanzieren. Endgültig ihrer Unterstützung beraubt, konnten drei Monate nach dem Sturm auf die Judengasse Fettmilch und seine Genossen festgenommen werden.

Der Aufstand war damit zusammengebrochen und die meisten Errungenschaften politischer Partizipation und sozial-wirtschaftlicher Sicherungen für die Bürgergemeinde verloren. Die Patrizier konnten nun ihr Regiment im Rat wieder übernehmen, und gemäß dem 1616 verkündeten Dekret der kaiserlichen Kommission wurde der eingeführte Zunftzwang aufgehoben und alle selbständigen Zünfte und nicht patrizischen Gesellschaften aufgelöst. Gegen die am Aufstand Beteiligten setzte man harte gerichtliche Untersuchungen (auch mit Hilfe der Folter) in Gang. Fettmilch und acht andere wurden als Rädelsführer angeklagt und zum Tode verurteilt und ebendieses Urteil am 9. März 1616 vollstreckt, als die aus der Stadt vertriebenen Juden nach zweijährigem Exil in Aschaffenburg und anderen benachbarten Orten wieder in ihre Gasse zurückkehren und in ihre alten Rechte als Frankfurter Einwohner – nun durch den kaiserlichen Adler über den Gassentoren symbolisch beschützt – eintreten konnten.[61]

61 Kracauer, Die Juden Frankfurts; Meyn, Reichsstadt, S. 44 ff.

Kurtzer Abriß vnd Bericht der Keyserlichen Execution

vnd Verfahrung mit den Aechtern / vnd dero anhenger / sampt einführung der Jüdenschafft / so den 28. Februarij / diß 1616. Jahrs / zu Franckfurt seind eingeleidet worden.

Es ist fast jedermenniglich bekandt vnd bewust / was vor ein grosser gefehrlicher streit vnd auffruhr / bey etlichen Jahren hero inn der Stadt Franckfurt entstanden / Daß auch darüber Ihr Keys. Mayestät bewegt worden / zuvorkommung vieles übels vnd vnheils / durch drey vnterschiedliche Mandat / die Burgerschafft zu ermahnen / vnd zum Friedenstand sich zu begeben / worinnen solches aber bey etlichen nicht fruchten wöllen / Darumb dann Ihr Keys. Majestät am jüngsten vnnd letzten Mandat / die drey vornembste vnd Printzebahl Redleinsführer dises Vnrühigen wesens / (Mit Namen Vincentz Fettmilch Kuchenbecker / Conrad Schopp Schneider / Conrad Gerngroß Schreiner) in die Acht erkläret / Sie demnach in jhrem bösen vornemen verharret / sich dem Keys. Mandat / sampt etliche mehr Personen / die jhnen angehangen / Widersetzet / Darumb in jhr Keys. Majest vngnad Leib vnd Lebens Straff sie sich gesetzet / Ihr Weib vnd Kinder in grosses hertzenleid vnd vnaußleschliche Schand vnnd Spott hinder sich gelassen / wie es genugsam bekand vnd offenbar ist. Solche vngehorsame Auffrührer zu straffen / ist den 27. Februarij / auff dem Roßmarckel, Gerüst 9. Staffel hoch gebawet / mit Sandt gestreuet worden / darvor über aber / sind noch andere zwey Gerüst auffgeschlagen gewessen / auff den ersten ist ein Erbarer Rath gestanden / auff dem andern die Zunfftmeister gewesen.

Folgentes Tages den 28. Febr. aber / haben sich die auß Keyserlicher Commission / Der Hochansehnlichen Keys. Commissari / dero Subdelegirte / sich mit einem ansehenlichen wolgerüsten Volck / zu Pferd vnd Fuß: in jhrer Gemusterten Wehr vnd Waffen / mit Fliegenden Fahnen / Trummel vnd Pfeiffen / sampt die gefangene Männer nacher Franckfurt begeben / allda justiei vnd die Keys. Execution zuhalten / vnd vollnziehen / so seind erstlich für gestellt worden die drey Aechter / vnd laut zum ersten Vincentz Fettmilch Vrtheil also.

Zum 1. Soll man jhm zwen Finger abhawen / vnd zum 2. mit dem Schwerdt vom Leben zum Todt / vnd zum 3. soll sein Kopff auff ein eysern spitzen am Brucken Thor gesteckt werden / vnd zum 4. soll sein Leib zu viertheilt / vnd auff die vornembste Landstrassen an schnapgalgen auff gehenckt werden / vnnd zum 5. Sol sein Hauß abgebrochen vnd ein steinern Stock auff denselbigen platz gesetzt zum ewigen Gedächtnuß / vnd zum 6. Sein Weib vnd Kind / auß dem Land verbannet sein soll.

Der andern 2. Aechter ist dergleichen vrtheil / sollen 2. finger abgehawen werden / vnd mit dem Schwerd gericht / jhre Köpff auff spitzen ans Bruckenthor gesteckt / die Cörper aber bey daß Hochegericht begraben worden. Georg Ebelt ist deßgleichen Vrtheil ergangen.

Adolff Canter / Stephan Wolff / vnd Herman Geiß / sind mit dem Schwerdt gerichtet / jhre Cörper aber bey daß Hochgericht begraben worden.

Neun Personen sind mit Ruhten außgehawen / vnd die Stadt ewig verbotten.

Item / noch 8. Personen die Stadt verwisen auff vnterschiedliche zahl der Jahren.

Zum Letzten sind die Juden mit Trommetern vnd Reutterey in die Gaß geleit worden / jhnen jhre Stettigkeit vorgelesen / vnnd der Keyserliche Schutz an jhr Thor angeschlagen worden / wie allda zu sehen ist.

Erstlich gedruckt zu Franckfurt am Mayn / bey Johann Ludwig Schimmel.

Zeitgenössisches Flugblatt:
Enthauptung Fettmilchs und Rückführung der Juden

Nahrungsschutz oder freie Einwanderung

Die Verhältnisse in Frankfurt waren also kurz vor Ausbruch des Dreißigjährigen Krieges wieder weitgehend auf dem alten Stand, die sozialen, wirtschaftlichen und politischen Konflikte nicht gelöst.[62] Der Bürgervertrag von 1613 blieb zwar in Kraft, zugleich hatte aber das restriktivere Kommissionsdekret von 1616 Gültigkeit, mit dem die bürgerliche Selbstorganisation in Zünften und Gesellschaften vollständig zerschlagen worden war. Das Bündnis von deutschen und wallonisch-flämischen Einwohnern hatte die Gemeinsamkeiten nicht entscheidend verstärken können; die jüdische Gemeinde blieb – finanziell stark geschwächt – der Stadt erhalten und nur ihr Wachstum durch neue Festlegungen vorerst etwas gebremst: Die Zahl der Haushalte sollte von nun an fünfhundert nicht überschreiten und – was wohl noch wichtiger war, die Zahl der Heiraten in der Gemeinde auf zwölf pro Jahr beschränkt sein. Auch die anderen Bedingungen ihrer Stättigkeit, die nun allerdings nicht mehr alle drei Jahre erneuert zu werden brauchte, waren nun zum ersten Male als Ganzes festgeschrieben und publiziert worden, und dieses Regelwerk hatte bis zum Beginn des 19. Jahrhunderts festen Bestand. Doch all diese detaillierten rechtlichen Fixierungen konnten die soziale und wirtschaftliche Dynamik des 17. und 18. Jahrhunderts nicht vollständig in der intendierten Weise kanalisieren.

Wie fast überall im Reich hatte auch in Frankfurt der Dreißigjährige Krieg seine zerstörerischen Spuren hinterlassen – hier zwar nicht durch unmittelbare Gewalt wie Totschlag und Verwüstung, aber doch kaum weniger schrecklich durch Seuchen, die verschiedene Einquartierungen nach sich gezogen hatten. Nur eine starke Einwanderung verhinderte, daß die Stadt nicht – wie sonst im deutschen Durchschnitt – ein Drittel ihrer Bevölkerungszahl verlor, sondern »nur« ein Sechstel. So waren über 70% der zwischen 1631 und 1650 in das Bürgerbuch Verzeichneten Immigranten; die Söhne von Einheimischen stellten also in dieser Zeit nur ein gutes Viertel, und diese Relation von

---

62 Zum folgenden siehe vor allem Soliday, Community, S. 198 ff.; Duchhardt, Frankfurt, S. 261 ff.

Alteingesessenen und Zuwanderern dürfte bei Beisassen und Juden etwa ähnlich gewesen sein. Mit dem Ende des Krieges war die Bevölkerung Frankfurts in einem noch größeren Anteil als schon zuvor entweder von außerhalb hergekommen, hatte von auswärts Gekommene geheiratet oder stammte unmittelbar von solchen ab.

Über diese demographischen Veränderungen hinaus hatten die Kriegszeiten unter anderem noch eine wichtige wirtschaftliche Konsequenz. Die Frankfurter Juden begannen in deutlichem Maße, ihren Lebensunterhalt umzustellen: Da das Kreditgeschäft im allgemeinen wirtschaftlichen Niedergang kein Auskommen mehr garantieren konnte, verlegten sich immer mehr auf den Warenhandel und gerieten damit unweigerlich in Konflikt mit ihrer christlichen Konkurrenz, die auf die Bestimmungen der Stättigkeit pochte. Juden war tatsächlich der allgemeine Warenhandel schon seit langem verboten, allein nichteingelöste Pfänder durften sie verkaufen, diese aber (wie z. B. Tuche) nur en gros und nicht »mit der Elle ausgeschnitten«, d. h. nicht an den Endverbraucher. Viele Bestimmungen der Stättigkeit waren allerdings interpretierbar und die Preise im jüdischen Handel für die Konsumenten so attraktiv, daß sich in der Realität ein reges Geschäft entwickelte – in kleinen Läden innerhalb, aber auch außerhalb der Judengasse, in eigens dafür angemieteten Wirtshausstuben, schließlich durch Hausierer von Tür zu Tür. Neben die Gefahren des Wucherns traten so aus interessierter christlicher Sicht die Gefahren einer unberechenbaren Konkurrenz, die erfolgreich billiger anbieten konnte, weil sie sich – dank eines geringeren Lebensstandards – mit weniger Gewinn zufrieden gab.[63]

Neben der jüdischen trat nun verstärkt auch eine andere Gruppe von Einwohnern als Konkurrenten der Bürger in Erscheinung. Im Jahre 1628 hatte der Rat beschlossen, von nun an nur noch solche Reformierte als Bürger aufzunehmen, die zuvor eine Bürgerstochter oder -witwe (in der Regel gleichen Glaubens) geheiratet hatten, so daß nun reformierten Einwanderungswilligen ohne diesen Vorteil in der Regel bestenfalls der Beisassenstatus gewährt wurde.[64] Zur gleichen Zeit gestattete die Stadt-

63 Schudt, Merckwürdigkeiten II, S. 163

regierung auch einigen italienischen Kaufleuten, sich hier niederzulassen und die von ihnen aus Italien importierten Zitronen und Apfelsinen im Großhandel, aber auch auf dem Wochenmarkt zu vertreiben – vor allem der Name Brentano erinnert noch heute an diese Gruppe. Auch sie waren Beisassen, denn wegen ihres katholischen Glaubens verwehrte ihnen die städtische Verfassung den Eintritt in das Bürgerrecht.

Wegen der restriktiven Einwanderungspolitik hatte auch die Aufhebung des Edikts von Nantes im Jahre 1685 für Frankfurt nur vorübergehende Bedeutung. Die nun vom französischen König nicht mehr geduldeten protestantischen Hugenotten flohen in großer Anzahl in die deutschen Territorien. Die Stadt am Main wurde Dank der großzügigen Hilfe seiner großen frankophonen Gemeinde bis 1695 zur Drehscheibe dieser reformierten Einwanderung. 70.000 Flüchtlinge zogen hier durch, doch nur die wenigsten durften bleiben. In der Nähe sind jedoch zum Beispiel Neu-Isenburg oder Friedrichsdorf von ihren Landesherrn als Hugenottensiedlungen gegründet worden.[65]

Mit den oben erläuterten Entwicklungen auf wirtschaftspolitischem Felde waren nun die Auseinandersetzungen abgesteckt, die im ersten Drittel des 18. Jahrhunderts den sogenannten Verfassungsstreit bestimmen sollten: einen Konflikt zwischen Bürgerschaft und patrizischem Rat, in dem wieder kaiserliche Kommissionen und bürgerliche Ausschüsse eine tragende Rolle spielten, die Bürgerschaft Korruptionsvorwürfe erhob und Anspruch auf fiskalische Kontrollmöglichkeiten geltend machte. Wie schon im halben Jahrhundert vor dem Fettmilchaufstand bestimmte auch diesmal eine enorme demographische Dynamik durch Zuwanderung die Stadtgeschichte nach Ende des Dreißigjährigen Krieges – denn das Verhältnis von Geburten und Todesfällen war ja bestenfalls ausgeglichen, meist aber eher negativ. Um 62% stieg die Einwohnerzahl von 1655 bis 1700, d. h. auf über 27.000, und wieder waren unter denen, die in diesem

64 In den ersten dreißig Jahren des Jahrhunderts waren noch fast dreihundert reformierte Kaufleute als Bürger angenommen worden, in den fünzig Jahren danach nur noch siebzig, Dietz, Handelsgeschichte II, S. 106

65 Duchard, Frankfurt, S. 261

Zeitraum das Bürgerrecht erwarben, mehr als die Hälfte Immigranten und Beisassen, die ihren Status verbessern konnten.

Doch in den Genuß dieses privilegierten Bürgerrechts kam nur eine Minderheit oder bestenfalls die Hälfte aller christlichen Einwanderer. Der große Rest blieb Beisasse oder gar Fremder. In der jüdischen Gemeinde wiederholte sich diese Abstufung (wie im Zitat oben S. 76 deutlich wird), weil sich auch dort wiederum Immigranten in großer Anzahl mit Rechten unterhalb der Stättigkeit als jüdische Beisassen oder Fremde zufrieden geben mußten. Das Wachstum des Gettos durch Zuwanderung entsprach zwar in seiner Größenordnung von 67% zwischen 1650 und 1710 dem der Allgemeinheit, aber diese 3.000 Menschen mußten sich denselben Raum teilen wie zwei Jahrhunderte zuvor eine zehnmal kleinere Gruppe ihrer Glaubensgenossen.

Mit seinen internen Statusdifferenzen bündelte das Getto wie in einem Brennspiegel eine Situation, die mit der in der christlichen Mehrheitsgesellschaft vergleichbar war: Auch außerhalb des Gettos traf es am härtesten die »Fremden«, die in der Stadt auf Dauer ihren Wohnsitz haben wollten oder mußten, denn sie hatten zumindest pro forma stets nur beschränkte Aufenthaltsberechtigung, durften keinen Grundbesitz erwerben und auch keinem selbständigen Gewerbe nachgehen, und ihre Kinder hatten keinen Anspruch auf einen besseren Status. Die Beisassen durften zwar ebenfalls keinen Grundbesitz in der Stadt erwerben, konnten aber für sich und ihre Familien ein sicheres Aufenthaltsrecht beanspruchen und vor allem (neben allen abhängigen Arbeiten) ihre eigenen Großhandelsunternehmen führen. So setzte sich diese Gruppe aus vielen Lohnarbeitern und wenigen reichen Kaufleuten zusammen, während ihnen die typischen »Mittelstands«-Berufe jener Zeit – Handwerksmeister oder Krämer – verschlossen blieben.

Zwei Momente bedingten, daß diese rechtlichen Statusdifferenzen (wie schon die Bestimmungen der jüdischen Stättigkeit) die wirtschaftlichen und sozialen Spannungen nicht erfolgreich kanalisieren konnten. Der Übergang von Groß- zum Mittel- oder Detailhandel war fließend und damit Konflikte durch unterschiedliche Interpretationen programmiert, zudem waren die Großhändler mit Bürgerrecht unmittelbar von der Konkurrenz erfolgreicher Beisassen betroffen. Zum anderen waren religiös-soziale Bindung und rechtlicher Status nicht einheitlich: Unter christlichen Bürgern, Beisassen und Fremden (Permissionisten) gab es Lutheraner, Reformierte und Katholiken, und so waren Interessenskollisionen auch innerhalb der Statusgruppen unvermeidlich.

Das Signal, das die Einschränkung des Bürgerrechts für Calvinisten und Katholiken am Ende der zwanziger Jahre des 17. Jahrhunderts bedeutete, setzte sich in den siebziger Jahren in veränderter Form fort: Bürgerliche Kaufleute klagten beim Rat über die Konkurrenz durch italienische Händler mit Beisassenstatus, die inzwischen auch mit offenen Läden und Hausiererei in ihren Gewürzhandel und damit – ähnlich wie Juden, nur nicht in dieser Breite – in das bürgerliche Reservat des Einzelhandels eingestiegen waren. Die Antwort der angegriffenen Italiener verdeutlicht die Probleme einer rechtlich diskriminierten, aber ökonomisch erfolgreichen Minderheit: Man lebe seit seiner Kindheit in der Stadt und dürfe doch nicht Bürger werden – so sei es recht und billig, wenigstens einen guten Lebensunterhalt erwerben zu können.[66]

Der Rat verhielt sich in dieser Sache recht hinhaltend, und so kam der entscheidende Anstoß für die Auseinandersetzung um wirtschaftliche und rechtliche Abgrenzung bzw. Chancen innerhalb der Einwohnerschaft erst 1706 mit einer Initiative von Bürgern, die ihre Sphäre gegen die Aktivitäten von Außenstehenden schützen wollten. Diese Gruppe bestand immerhin zu einem Drittel (zweiundzwanzig Kaufleute) aus Reformierten und zum überwiegenden Teil aus Söhnen oder Enkeln von Einwanderern – von Solidarität mit Neueinsteigern also keine Spur! Unter ihrem Druck erarbeitete die Stadtregierung eine umfassende Regelung, die als Beisassenordnung 1708 in Kraft trat. Darin wurden die bestehenden Einschränkungen für diesen Status präzisiert und auch verschärft:

- Offene Läden und Detailhandel blieben verboten.
- Die italienischen Händler legte man auf eine restriktive Liste von Importwaren fest.

66 Soliday, Community, S. 201 ff.

- Der sehr ertragreiche Kommissions- oder Speditionshandel wurde aus dem erlaubten Großhandel ausgegliedert und nur noch alteingesessenen Beisassen zugestanden; und Söhne von Beisassen, die jahrelang in Frankfurt gelebt hatten, erhielten nicht mehr automatisch eine Handelserlaubnis (womit das Kommissionsgeschäft auf lange Sicht den Bürgern vorbehalten wurde).
- Kein Beisasse durfte mehr über bürgerliche Strohmänner in nun unerlaubte Geschäfte einsteigen, aber auch Geschäftspartnerschaften mit Bürgern wurden ihnen gänzlich untersagt.
- Schließlich konnten sie nun nicht mehr nach Heirat mit einer Bürgerin deren Geschäfte oder Gewerbe weiterführen.

Um die Bedeutung dieser letzten Bestimmung zu verstehen, muß man sich noch einmal die Einwanderungspraxis des letzten halben Jahrhunderts vor Augen führen. Über die Hälfte der neu ins Bürgerrecht eingetretenen Männer waren, wie gesagt, keine Bürgersöhne, und von dieser Mehrheit waren es wiederum 70% (oder ca. 40% aller neuen Bürger), die durch Heirat mit einer Bürgerstocher oder -witwe in die Bürgerschaft automatisch aufgenommen wurden. Nur ca. 15% der Neubürger wurden also vom Rat ohne die familiäre Begründung durch Erbe oder Ehe zugelassen, oder umgekehrt gesehen: Die meisten derer, die nicht als Söhne ins Bürgerrecht geboren waren, bemühten sich zuvor um eine passende Partnerin, weil dies zwei Vorteile hatte: Sie erhielten das Bürgerrecht dann automatisch und zu geringeren Kosten und sie erhielten es, wenn sie Reformierte oder Katholiken waren, überhaupt nur auf diesem Wege.

Mit den neuen Regelungen waren den Beisassen nun wichtige wirtschaftliche Felder verschlossen, und sie konnten ihren wirtschaftlich-rechtlichen Status auch durch Heirat mit einer Bürgerin nicht mehr nachhaltig bessern – ja, 1714 stellte der Rat auf Druck der Bürgerpartei noch eine zusätzliche Hürde auf: Auch das Vermögen, der Bürgerinnen, die Beisassen geheiratet hatten, durfte in der Stadt nicht mehr eingesetzt werden, sondern sollte binnen Jahresfrist an einen Bürger veräußert werden.

Von den ca. 28.000 Einwohnern waren in jener Zeit etwa 11% Juden und 25% Beisassen. Unter letzteren spielten Reformierte wallonischer oder niederländischer Herkunft die wirtschaftlich entscheidende Rolle.[67] Auch die wohlhabenderen lutherischen

Beisassen dürften vornehmlich Niederländer gewesen sein, während das Dutzend reicher katholischer Beisassen wohl aus der italienischen Händlerkolonie stammte, so daß die eigentliche Stoßrichtung der neuen Beisassenordnung auf der Hand liegt: Man wollte die erfolgreichen Aktivitäten der aus der Ferne eingewanderten Gruppen möglichst wirksam bremsen – genauso, wie der von der Judengasse ausgehende Handel zurückgedrängt werden sollte.

Deren Bewohner konnten allerdings durch ihre Vertreter am Kaiserhof die sie betreffenden feindlichen Anstrengungen auf rechtlicher Ebene erfolgreich neutralisieren. Auch die italienischen Beisassen klagten beim Kaiser: Im Hinblick auf die restriktive Warenliste erhielten sie alsbald Recht, konnten dieses aber gegen den Widerstand der Stadtregierung nicht durchsetzen. Im Hinblick auf ihren Status hatten sie jedoch später mehr Erfolg, die Stadt dürfe ihnen, so der Bescheid, wegen ihres katholischen Glaubens allein nicht das Bürgerrecht verwehren, und so wurden sie nach 1720 ihre bisherigen Einschränkungen los.[68]

Unter den Reformierten begannen zunächst einzelne, sich ebenfalls zur Wehr zu setzen: Ein Herr Vigny, dem der Rat trotz seiner Eheschließung mit einer Bürgerin das Bürgerrecht verweigern wollte, klagte erfolgreich vor dem Kaiser – was die Lutheraner wiederum so erbitterte, daß sie für die Zukunft allen Zuzug von (inzwischen vielfach auch aus der Schweiz stammenden) Reformierten verhindern wollten. Inzwischen hatte nämlich die religiöse Differenz in der Bürgerschaft im Hinblick auf deren Zielvorstellungen Wirkung gezeigt. In seiner Klage an die kaiserliche Kommission, in der gegen die bisherige Ratspraxis z. B. arbeits- oder zollrechtliche Änderungen und Handelsrestrik-

67 Soliday, Community, S. 56 f.

68 Zu diesem und zum folgenden siehe Soliday, Community, S. 175 ff.; 201 ff. Zum Schicksal des Joseph Bolongaro, der um 1740 vom Lago Maggiore nach Frankfurt einwanderte und dort Beisasse wurde, vgl. Schäfer, Förderung, S. 12 f. Der Kaufmann und Unternehmer hatte um 1770 beim Rat für seinen Amsterdamer Schwiegersohn vergeblich um den Beisassenstatus angefragt, und ließ sich vom Mainzer Erzbischof für die Übersiedlung seines Betriebes nach Höchst gewinnen. Doch bereits dreizehn Jahre später machte die Familie diesen Schritt wieder rückgängig.

tionen für die Juden durchgesetzt werden sollten, war sich das bürgerliche Kommitee der Großhändler (einer Vorläuferorganisation der späteren Handelskammer und von Reformierten wie Lutheranern besetzt) in der Beisassenfrage nicht einig und verfaßte zu diesem Punkt zwei unterschiedliche Stellungnahmen: Die Reformierten waren sich inzwischen – zumindest in ihrer Mehrheit – der für sie negativen religionspolitischen Konsequenzen der neuen Beisassenordnung bewußt geworden und plädierten für freizügigere Ansiedlungsmöglichkeiten, die Lutheraner hielten die Forderung nach mehr Konkurrenzschutz für Händler und Handwerker dagegen. In seiner Stellungnahme unterstützte der Rat in vollem Umfang die lutherische Seite: Die religiöse Gleichstellung der Reformierten sollte auf alle Fälle verhindert, der Beisassenstatus für die Betroffenen erhalten und der Weg zum Bürgerrecht über die Heirat mit Bürgerinnen weiterhin verbaut bleiben.

Die beiden reformierten Gemeinden gründeten im weiteren Verlauf des Konflikts ein eigenes Komitee, das unter der Führung vor allem von Abraham Mangon die Interessenvertretung organisierte. Seine »Reflexiones auf die anno 1708, den 5. Junii erichtete Beysassen-Ordnung« fassen die Vorstellungen dieser reformierten Kaufmannschaft von einer wünschenswerten städtischen Ordnung und politischen Zielsetzung zusammen.

Reformiertes Plädoyer für eine freie Einwanderung (1723/31)

»Was für Leute dann diese Beysassen seyen? und Ob dem gemeinen Stat-Wesen sowohl als der Burgerschafft durch selbige Schaden oder Nutzen erwachsen seye, oder in das künfftige entstehen könne? . . .

Es hat sich auch Sonnen-klar seit 30. oder 40. Jahren gezeigt, daß durch Annehmung Fremder die Handlung sich über das Duplum augmentieret habe, und durch eben dieses Mittel noch höher gebracht werden könte . . . Seynd nicht die seit Zeit anfänglich zu Beysassen, und nachgehends zu Burgeren angenommene Kauff-Leute, diejenigen, die fast die größte Handlung thun, und kostbare Häuser erkaufft, oder erbauet haben,

welche große Handlungen thun nicht die übrige noch würckliche Beysassen, haben diese nicht zum Theil neue, und zuvor hier unbekandte Handlungen durch ihre industrie eingeführet, oder die hier bereits im Gang seyenden vermehret?«
Warum werden diese Beisassen und Fremde mit der neuen Ordnung so unter Druck gesetzt? »Es kann dann nichts anders als eine ungegründete Jalousie oder blinder unbedachtsamer Religions-Eyffer seyn, und wird solches dadurch bekräfftigt, daß man ohne Scheu sich offentlich vernehmen lassen darff, daß künfftighin keine Burger noch Beysassen angenommen werden sollen, sie seyen dann Lutherischer Religion . . .«
Ist das aber nicht so, und es geht nur gegen die Beisassen als solche, dann soll man doch alle, die die Bedingungen erfüllen, zu Bürgern annehmen, »und mache es denen hiernächst Ankommenden nicht so schwer, so wird das Negotium ferner vermehret, der Stadt Intraden augmentiert, der eingewurzelte Haß, Bitterkeit und Jalousie ausgerottet, und die Ruhe und Harmonie zwischen allen Christlichen Inwohnern dieser guten Stadt hergestellet . . .«
»Wofern man aber unter dem Praetexte eines General-Reglements [d.h. für alle Beisassen] nur den Schwächeren [die Reformierten] zu unterdrucken gemeynet wäre, (wie es scheinen will) so würde man um so viel mehrer und wichtige Motiven finden, dergleichen neue schädliche Ordnungen nicht allein zu cassiren, sondern vielmehr höchst nöthig erachten, den schwächeren Theil durch kräfftige bessere Statuten und Reglementen zu unterstützen, damit er durch die stärckere oder Dominante Parthey nicht gar zu Boden geritten werde.«[69]

Auf diese Argumentation für die Einwanderung, bei der die Stärkung der eigenen Gruppe interessenleitend war, antwortete die Gegenseite mit Vorstellungen, die ebenso interessengeleitet die Grundsätze des Nahrungsschutzes darlegen und das Argument des religösen Eifers weit von sich weisen – auch eine Anzahl

69 Reflexiones auf die Anno 1708, den 5. Junii errichtete Beysassen-Ordnung [vor 1723 entstanden, als Memorandum gedruckt 1731, anonymer Verfasser ist Abraham Mangon, siehe Soliday, Community, S. 216 Anm. 58], ediert in: Frankfurter Religionshandlungen I, Nr. 7: Magistratus Bericht, Beilagen B-H, S.15ff., Frankfurt./M. 1735

reformierter Kaufleute habe schließlich damals das Gesuch um eine neue, restriktive Beisassenordnung unterzeichnet.

Gegendarstellung der lutherischen Seite (1731)
»Eine gewisse und unwidersprechliche Wahrheit, daß jedem Reichs-Stand, folglich auch jeder Obrigkeit in den Reichs-Städten Recht, Amt und Schuldigkeit seye, gleichwie überhaupt auf die allgemeine Wohlfahrt, also insonderheit dahin zu sehen, daß weder durch Mangel genugsamer Inwohner ... noch durch deren Überfluß dem gemeinen Wesen Schaden zuwachse, und in letzterem Fall einer dem andern selbst aufreibe und ins Verderben stürtze. (2tens) Ist nicht weniger unlaugbahr, und folget aus dem vorigen, daß wann in einer Stadt bereits so viel Burger und Einwohner von jeden Professionen, Handthierungen und Handwerckern befindlich sind, als nach Beschaffenheit derselben erforderlich werden, nicht rathsam seye, viele Fremde in dieselbe einzunehmen . . .
Wie dann dem Endzweck der Burgerlichen Gesellschafften und der natürlichen Billigkeit zuwider lauffen würde, wann man ohne Ansehung, daß genug Leute von einer Profession in einer Stadt befindlich, noch mehrere, so jenen die Nahrung entziehen, annehmen wollte.« Nachdem die ökonomischen Argumente gegen das Commissions-Verbot zurückgewiesen wurden:
»Solchemnach ist ein blosses vergalltes nichtiges Vorgeben, daß ein blinder unbedachtsamer Religions-Eyfer Ursach an der Beysassen-Ordnung seye, und man nur Burger und Beysassen Lutherischer Religion annehmen wolle, da oben überflüssig erwiesen worden, daß auch die vornehmste Reformirte verburgerte Handels-Leut bey E. E. Rath um Einrichtung solcher Beysassen-Ordnung suppliciret, auch die tägliche Erfahrung lehret, daß jährlich Burger und Beysassen, von denen dreyen im Reich recipierten Religionen angenommen werden.«[70]

70 Gründliche Widerleg- und Abfertigung der neulich in Druck gekommenen sogenannten Reflexionum auf die Anno 1708. den 5. Junii errichtete Frankfurterische Beysassen-Ordnung von 1731 (Druck wie oben, S. 32 ff.)

Aus der Auseinandersetzung zwischen Bürgerschaft und patrizischem Rat war so schließlich ein Konflikt um die Religionsfreiheit für Reformierte geworden, den diese trotz aller Bemühungen nicht gewinnen konnten. Allein die Restriktionen für die Ehen zwischen Bürgerinnen und Nichtbürgern wurden durch die kaiserlichen Entscheidungen von 1732 zurückgenommen, alle anderen ökonomischen Einschränkungen für die Beisassen jedoch bestätigt und das reformierte Begehren nach freier Religionsausübung wieder an den Anfang des Rechtswegs, d. h. auf die lange Bank, zurückgeschickt. Erst Jahrzehnte später fällte das Reichsgericht eine positive und endgültige Entscheidung.

Verzögerte Gleichheit

Die Auseinandersetzung um den Charakter der Stadt hat das hier seit der Reformation vertraute Thema der (christlichen) Religionsfreiheit mit dem der wirtschaftspolitischen Orientierung verknüpft und damit auf eine modernere Ebene gehoben. Allgemeine bürgerliche Freiheit und Gleichheit implizierte nun neben der religiösen auch die freie Entfaltung von wirtschaftlicher Dynamik. Die Umsetzung dieser Ideen war, wie wir sahen, nicht gelungen, und erst die Folgen der Französischen Revolution sollten von außen kommend auch die Verhältnisse in Frankfurt in Bewegung bringen.[71] Die militärischen Auseinandersetzungen zwischen der neuen französischen Republik und den alten Monarchien bewirkten in Frankfurt, wohl völlig unbeabsichtigt, ein Ereignis von hohem symbolischen Wert: Bei der Belagerung der Stadt durch französische Truppen geriet 1796 die Judengasse nach einer Beschießung in Brand und wurde verwüstet. Achtzig Jahre zuvor erst war es zu einer vergleichbaren Katastrophe gekommen, damals wurde jedoch noch nicht die Wiederherstellung des alten Status, d. h. einer neu-alten Judengasse, in Frage gestellt. Diesmal konnte und wollte man jedoch nicht mehr zur alten Ordnung zurückkehren: Die jüdische Gemeinde hatte inzwischen in ihrem kleinen Getto wieder die alte

71 Zum folgenden: Koch, Grundlagen; Roth, Handel; Klötzer, Frankfurt

Anzahl von etwa 3.000 Menschen erreicht,[72] damit wurden auch alle schon vorher kaum lösbaren Probleme des Zusammenlebens vollends unerträglich. Neben dieser objektiven Verschlechterung entwickelte sich durch die Aufklärung bei Juden und Christen eine neue gesellschaftliche Sensibilität gegenüber solchen willkürlichen Zwangssituationen, und so empfanden auch gebildete und tolerante Christen die Existenz der Judengasse zunehmend als eine »Unmöglichkeit«.

Eine Rückkehr zu den alten Verhältnissen wäre zwar von einem weiterhin antijüdisch eingestellten beträchtlichen Teil der Bürger, Beisassen, Fremden (meist Gesellen und Handlungsgehilfen) immer noch sehr begrüßt worden, konnte nun aber durch direkten oder indirekten französischen Einfluß verhindert werden. Sieben Jahre lang war Frankfurt nach 1806 nicht mehr selbständige Reichsstadt, sondern als Teil des Fürstprimatialstaats unter Carl Theodor von Dalberg dem Rheinbund zugehörig. In dieser Zeit wurde die Zerstörung und Aufhebung des Gettos auch rechtlich umgesetzt. Nach Zahlung einer beträchtlichen Ablösesumme erhielten 1812 die Stättigkeitsinhaber, d.h. ca. zwei Drittel der Frankfurter Juden, die bürgerlichen Rechte und Freiheiten: Als Teil der Bürgerschaft mit vollem Bürgerrecht konnten sie nun Grund und Boden erwerben, ihren Beruf frei wählen, waren keinen Heiratsbeschränkungen unterworfen und vor allem nicht mehr auf das Wohnen in einem abgegrenzten Bereich verpflichtet.

Einem großen Teil der Judenschaft war damit im Gegensatz zu den anderen diskriminierten Gruppen der Bevölkerung ein Statussprung gelungen, an dem sie jedoch keine lange Freude haben sollten: Kaum war 1813 das napoleonische Herrschaftssystem zerschlagen, wurde die alte Verfassung wieder eingesetzt und 1816 in der »Constitutions-Ergänzungs-Acte« modifiziert. Für die Judenschaft der Stadt, die sich nach der Auflösung des geschlossenen Gettos in vollem Aufbruch aus ihren traditionellen Lebensvorstellungen befand und ihrerseits gegen innere Widerstände den Anschluß an die (damals) moderne Bildung suchte, begann ein langer politischer Kampf bei den Institutionen des

72 Kracauer, Geschichte der Judengasse, S. 463

neugegründeten Deutschen Bundes um die Rettung wenigstens eines Teils der neu und teuer erworbenen Rechte. Sie seien – so aber die Vorstellungen vieler Mitglieder der Bürgerschaft – immer noch Fremde, die erst in einem langwierigen Erziehungsprozeß dem Leben der christlichen Mehrheit angepaßt werden müßten, bevor man ihnen die Rechte von Bürgern verleihen könne.

Ablehnung der jüdischen Gleichberechtigung
»Aber die Juden sind eine eigene Nation, welche durch ihre Religionsgesetze sich von jeder anderen Nation, unter der sie lebt, ausschließt, und nirgendwo anders als in Judäa ihr eigentliches Vaterland anerkennt; die überdies durch ihr eigenthümliches, religiös begründetes National-Interesse unter sich eine eng verbundene Corporation bildet, welche sich dem allgemeinen Bürgerthum ganz unverträglich, alle Vortheile auf sich hinüberzuleiten weiß, ohne Etwas davon an die übrigen zurückzugeben. Solange nicht durch Zerstörung dieser Nationalität der Juden (die ohne die Zerstörung der strengen Formen ihrer positiven Religion unmöglich ist) die Aufnahme derselben zu gleichen bürgerlichen Rechten vorbereitet ist, so lange ist die Mittheilung dieser Rechtsgleichheit dem Ganzen verderblich. Man werfe nicht ein, der Druck der Christen hat die Juden zu Dem gemacht, was sie sind; dieser Druck der Christen hat freilich noch mehr an den Juden verdorben; aber die Juden mit allen den wesentlichen Eigenthümlichkeiten, die wir heuzutage an ihnen wahrnehmen, waren zu allen Zeiten dieselben . . . Was zu Frankfurt gegen die Juden geschieht, ist nicht als Religionsverfolgung anzusehen, sondern nur als Abwehr der Gefahren, die den christlichen Einwohnern, ihren Rechten und ihrem ganzen Wohlstand bevorstehen, sobald diese fremde, einem christlichen Gemeinwesen feindselige, in geistiger Rohheit hinbrütende Masse (ich denke an eigentliche Juden und an die Frankfurter!) auf einmal in Bausch und Bogen in die Ausübung des vollen Umfangs bürgerlicher Rechte gesetzt würden.
Meine Meinung über die bürgerliche Verbesserung der Juden ist in folgenden zwei Punkten eingeschlossen: 1.) Diejenigen Bekenner des israelitischen Glaubens sollen unbedenklich in den vollen Genuß bürgerlicher Rechte gesetzt werden, welche

durch Ablegung ihrer nationellen Vorurtheile und durch geistige Bildung sich dessen würdig bezeugt haben. 2.) Der Staat soll . . . den Juden soviel möglich Gelegenheit geben, sich diese Würdigkeit zu erwerben. Also: allmählig! aber nicht auf einmal! und nicht Jeden, dem Unwürdigen wie dem Würdigen!«[73]

Die weniger gebildeten Vorbehalte äußerten sich handfester. 1819 griff von Würzburg aus Pogromstimmung um sich. Frankfurter Gesellen und Handlungsdiener schlossen sich dieser »Hepp-Hepp-Bewegung« (so genannt nach dem Schlachtruf der Angreifer) an und stürmten nach mehreren Tagen voller verbaler Drohungen und einzelner gewalttätiger Angriffe auf Juden das jüdische Viertel. Mit Steinwürfen und Schüssen in die Fenster versuchten sie die Einwohner zu treffen und verprügelten alle, die sich auf der Straße zeigten. Erst als (nach gewissem Zögern) bewaffnetes Militär eingesetzt wurde, zog sich die gewalttätige Menge der meist jungen Männer endgültig zurück. »Jugendlicher Mutwille«, der letztlich auf »unbescheidenes Benehmen und Anmaßung« seitens der Juden reagiert habe, sei – so die Interpretation der Stadtregierung – der Ausgangspunkt dieser Gewaltaktion gewesen[74] – eine Sichtweise, die den oben zitierten Vorbehalten gegen die Gleichberechtigung voll entspricht.

Fünf Jahre später waren die politisch-rechtlichen Auseinandersetzungen um den Status der Juden mit einem Kompromiß beendet. Die politische Gleichberechtigung als Bürger wurde ihnen vorenthalten, wesentliche Teile der privatrechtlich-wirtschaftlichen Emanzipation jedoch nicht.

Die alten rechtlichen Diskriminierungen oder Segmentierungen der Frankfurter Einwohnerschaft in Bürger, Beisassen, Juden, Fremde (Gesellen, Hausgesinde, Handlungsdiener usw.) und Dorfbewohner hatten also die revolutionären Ansprüche von Freiheit und Gleichheit in vielem unbeschadet überstanden. Die Veränderungen in der städtischen Gesellschaft waren langsam

73 Der Advokat Paul Johann Anselm von Feuerbach, Mitglied einer städtischen Kommission zur »Judenfrage« 1817, in einem Brief an Elise von der Recke, Feuerbach, Nachlaß Bd. 2, S. 93 ff.; Koch, Grundlagen, S. 168 f.

74 Kracauer, Geschichte der Juden II, S. 492 f.

Bürger und Fremde in Frankfurt 1858

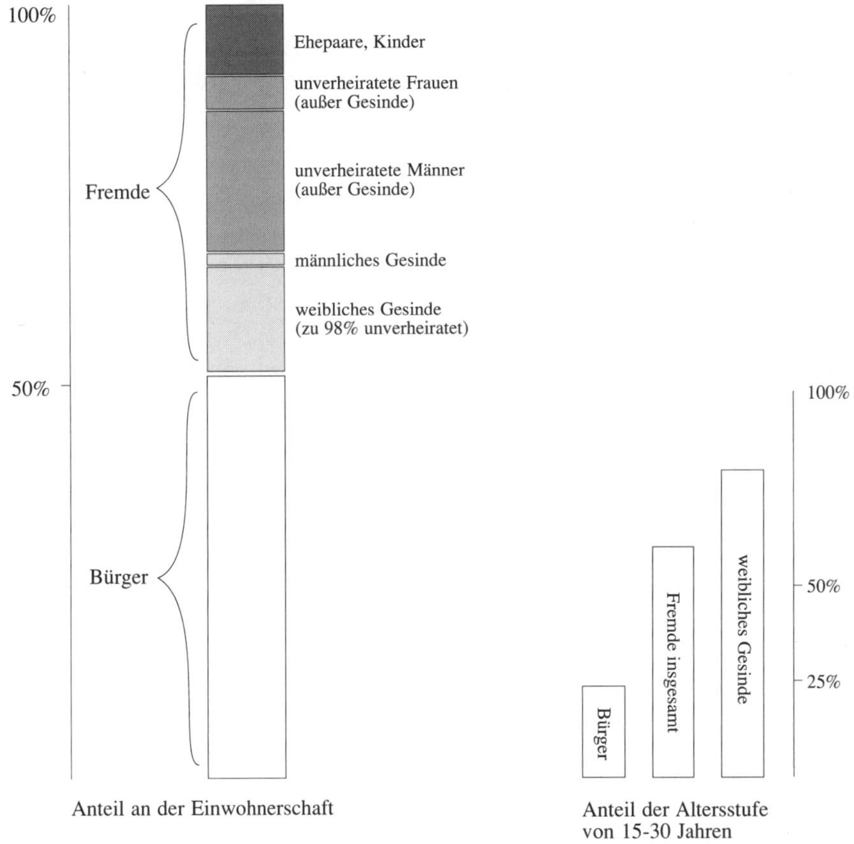

Nach Zahlen von Kaltwasser, Gesinde, S. 74 f., 78, 90

und auf bestimmte Bereiche beschränkt. Die Reformierten hatten zwar 1787 (nach fast zweihundert Jahren Verbots) die Erlaubnis zum Bau zweier (bescheidener) Bethäuser und 1806 unter Dalberg auch das Recht auf Taufen und Eheschließungen in den eigenen Kirchen und damit die volle Religionsfreiheit erhalten, doch waren zumindest die Beisassen unter ihnen immer noch weit entfernt von gleichberechtigter politischer Partizipation. Den Schritt zur konfessionellen Gleichberechtigung hatte es zuallererst in der Vertretung der Großhändler, dem späteren Börsenvorstand gegeben, in dem seit dem 16. Jahrhundert die Reformierten eine entscheidende Rolle spielten. Im 18. Jahrhundert entstand mit der Freimaurerloge »Zur Einigkeit« eine Gesellschaft, in der bald ebenfalls alle christlichen Konfessionen vertreten waren. Weitere bürgerliche Gesellschaften und Clubs mit entsprechender Freizügigkeit kamen hinzu, die dann auch für das jüdische Bildungsbürgertum vorsichtig geöffnet wurden – so die Casinogesellschaft im Jahre 1836. In diesen informellen Zirkeln bereitete sich die Beteiligung der bisher diskriminierten Glaubensangehörigen vor, die dann im Verlauf des 19. Jahrhunderts auch auf die politische Ebene übergriff.[75]

Die rechtliche Gleichstellung ließ für die Beisassen und die Juden allerdings noch etwas auf sich warten. Erst 1854/55 wurde in Frankfurt der Beisassenstatus abgeschafft, 1864 ebenfalls der Sonderstatus der Juden und Dorfbewohner und gleichzeitig die Gewerbefreiheit eingeführt. Zwei Jahre, bevor die Stadt an das Königreich Preußen fiel und damit dessen Gesetzgebung unterworfen wurde, war also ihre Einwohnerschaft nur noch in zwei fast gleich große Gruppen unterschiedlichen Rechts gespalten: in Bürger und Fremde.

Soziale Veränderungen

In den einhundertzwanzig Jahren seit 1750 hatte sich die Zahl der Einwohner von 30.000 auf 76.000 fast verdreifacht – und dies weiterhin zum größten Teil durch Zuwanderung, deren Kurve

75 Roth, S. 374 ff.; Arnsberg, Geschichte II, S. 499

aber nicht gleichmäßig verlaufen war. So hatten z. B. nach den Gettobränden von 1711 und 1721 zahlreiche Juden Frankfurt verlassen. Eine nennenswerte Einwanderung (meist »Landjuden« aus der umliegenden Region bei gleichzeitiger Auswanderung alter Frankfurter Familien)[76] gab es dann erst wieder seit dem letzten Drittel des 18. Jahrhunderts, so daß 1817 ca. 4.500 Juden und 1871 10.000 Menschen jüdischen Glaubens (denn nun waren Abstammung und Glaube ja nicht mehr so weitgehend identisch, wie in den Zeiten zuvor) gezählt wurden. Bei der Frankfurter Bevölkerung insgesamt lag der größte Zuwachs in der Zeit nach 1846.[77]

Doch diese Einwanderung unterschied sich von der des 16. und 17. Jahrhunderts ganz erheblich. Das Zeitalter der Glaubensverfolgung war nach den großen Hugenottenwanderungen vorbei, ganze Flüchtlingsgruppen aus fernen Ländern gab es also nicht mehr, die in Frankfurt Aufnahme suchten und damit für Aufsehen sorgten. Die allmähliche Angleichung des Status von Bürgern, Juden und Beisassen entsprach den Homogenisierungstendenzen dieses seßhaften Teils der Einwohnerschaft, dem die fast gleich große Anzahl der Fremden gegenüberstand. Fremde – das waren vor allem Handwerksgesellen, Handwerks- oder Kaufmannsgehilfen, weibliche und männliche Dienstboten.

Der bürokratische Nachlaß der seit 1810 eingeführten städtischen Regie in der Vermittlung häuslicher Dienstboten ermöglicht Einblicke in die Verhältnisse dieser zuletzt genannten Gruppe, die immerhin bis 1864 ca. 15% der Gesamtbevölkerung ausmachte und sich wie jene in diesem Zeitraum fast verdoppelte. Folgende Momente sind dabei besonders interessant: Weniger als 0,3% des häuslichen Gesindes stammten aus der Bürgerschaft, fast 100% hatten also den Status der Fremden. Der Anteil der Frauen an ihnen stieg von 75% auf über 96%. Über 90% des Gesindes war nicht älter als dreißig Jahre und unverheiratet, fast 90% auch ohne Kinder. Der weitaus größte Teil (fast 90%) kam aus Dörfern im Umkreis von 200 km und wurde niemals in Frankfurt heimisch: 1867 waren von denen, die vierzehn Jahre

76 Arnsberg, Geschichte II, S. 486

77 Kracauer, Geschichte der Judengasse, S. 463; Koch, Grundlagen, S. 184 ff.

zuvor als Dienstpersonal registriert worden waren, nur noch etwa ein Viertel in Frankfurt (ganze 0,6% hatten das Bürgerrecht erhalten oder geheiratet), über zwei Drittel hatten die Stadt verlassen (mehr als die Hälfte von ihnen war in ihre Heimat zurückgegangen, der Rest in eine andere Stadt).[78] Hausgesinde – das bedeutete also Arbeitsmigrantinnen auf Zeit in der Stadt, die also nicht nur rechtlich, sondern auch faktisch Fremde waren.

Die Verhältnisse bei den Handwerksgesellen, Handwerks- und Kaufmannsgehilfen sind mit denen der Dienstboten in vielem vergleichbar. Um ihre Anzahl zu ermitteln muß man von den ca. 48% fremden Einwohnern 15% (fast ausschließlich weiblicher) Dienstboten, 9% in Familien lebender Menschen und weitere 5% unverheirateter Frauen abziehen, so daß etwa 19% unverheiratete Männer übrigbleiben, die die Gruppe der Gesellen und Gehilfen bildeten. Zusammen mit den 15% Dienstboten waren also fast 40% der Frankfurter Fremde ohne Familie am Ort und zum allergrößten Teil unter dreißig Jahre alt.[79] Unter den Gesellen und Gehilfen stieg im Laufe der Zeit die Zahl der »Schläfer«, d. h. derjenigen, die nicht mehr im Haus ihres Arbeitgebers (Meisters oder Prinzipals) wohnten, sondern eine Schlafstelle in der Stadt oder in ihren Vororten gemietet hatten, stark an: Bei ca. drei Viertel dieser Arbeitsmigranten waren so bereits im Jahre 1864 Schlaf- und Arbeitsstelle räumlich getrennt und die Entwicklung zur modernen Arbeiter- und Angestelltenschaft vorgezeichnet.

Anders als bei den (weiblichen) Dienstboten lassen sich für die (männlichen) gewerblichen Arbeitskräfte aber weder die Herkunftsverteilung, noch die Dauer ihres durchschnittlichen Aufenthalts, noch der Verbleib nach Abzug ermitteln, da es für sie keine obligatorische städtische Dienstvermittlung mit entsprechend geführten Dienstregistern gab. Es ist zu vermuten, daß sie – anders als das weibliche Gesinde, das in seiner Mehrzahl durch Rückkehr in die Heimat und Heirat vom Arbeitsmarkt

---

78 Zahlen nach Kaltwasser, Gesinde, S. 78 ff.

79 Eigene Berechnungen aus den bei Kaltwasser, Gesinde, S. 74 f. 78, 83, 89f. angegebenen Zahlen

verschwand – ihren Arbeitsplatz in der Stadt zu halten versuchten. Die extrem hohe Zahl von jungen Erwachsenen unter ihnen spricht allerdings ebenfalls für einen regelmäßigen Austausch (»Rotation«), läßt sich zum Teil aber auch anders erklären: Wenn 1858 ca. 70% aller fremden Männer zwischen fünzehn und sechsunddreißig Jahren alt waren (bei den Bürgern waren es nur 29%), dann dies wohl auch deshalb, weil in den Jahren zuvor überhaupt viele junge Männer als Arbeitskräfte eingewandert waren.

Welche Bedeutung der Zuzug der Arbeitssuchenden für die Einwohnerschaft Frankfurts hatte, wird noch einmal aus dem Vergleich der absoluten Zahlen deutlich: Zwischen 1855 und 1864 vermehrte sich die Zahl der Bürger um 3.400, die der Fremden aber um fast 11.000. Beide Bevölkerungsgruppen waren mit nun 38.800 bzw. 38.600 Angehörigen nahezu gleich groß.[80] Doch diese Zahlen geben das Ausmaß der Wanderungsbewegung in der Gruppe der Fremden noch nicht genügend wieder. Da sie, anders als eingewanderte Bürger, sehr oft nicht seßhaft wurden, muß man die Fluktuation bedenken, d. h. noch all diejenigen hinzuzählen, die in diesen neun Jahren zwischen 1855 und 1864 schon wieder abgewandert waren.

Die Stadt »verbrauchte« also (wie alle anderen prosperierenden Städte auch) zu jener Zeit wesentlich mehr Menschen, als in ihr auf Dauer wohnten. Bereits die mittelalterliche und neuzeitliche Zunftökonomie mit ihrer Gesellenarbeit hatte nach diesem Prinzip funktioniert.[81] Von der Aufenthaltsdauer der Dienstboten in früheren Zeiten wissen wir allderdings nur sehr wenig, weil ihre Verhältnisse erst durch die Dienstregister in das Licht der Überlieferung geraten sind. Neu war aber jetzt wohl nur das Ausmaß der Beschäftigung, die Steigerungsraten und die Trennung von Arbeits- und Wohnstätten bei den männlichen Arbeitskräften.

---

80 Nach Kaltwasser, S. 75, die sich auf Burnitz, Bevölkerungsverhältnisse, S. 6; und ders.; Bevölkerung, S. 18, bezieht.

81 Siehe oben S. 24 ff.; eine Statistik der Handwerksgesellen in Frankfurt aus dem Jahre 1762 zeigt für jene Zeit eine vergleichbare Verteilung: 15% einheimischen standen 85% auswärtige Gesellen gegenüber. 32% kamen aus der näheren Umgebung, 24% aus Süddeutschland, 9% aus Mitteldeutschland, 5% aus Westdeutschland usw., siehe Lerner, Statistik, S. 87 f.

Moderne Zeiten

Industrialisierung und neue Fremde

Mit diesem hohen Anteil von Dienstboten, Handels- und Gewerbegehilfen lag Frankfurt unter den deutschen Städten an der Spitze.[1] Inzwischen politisch durch Handelskaufleute und Bankiers dominiert, wurde Industrieansiedlung zumindest bis zur preußischen Zeit nur wenig gefördert. Interessierte Unternehmer mußten nach Höchst, Bockenheim, Fechenheim oder Offenbach ausweichen, weil man in Frankfurt so recht weder große Gewerbebetriebe (mit ihrem Dreck) noch die dazu nötige Arbeiterschaft (mit ihrem geringen Einkommen) haben wollte. Die für jene Zeit typische Industriearbeitermigration (mit Seßhaftigkeit und Familiengründung) fand also in nennenswertem Umfang nur außerhalb statt. Erst die vielen Eingemeindungen (von Bornheim 1877 bis Höchst 1928) holten diese neuen Strukturen wieder in den Bereich der Stadt zurück.[2]

Die neue Arbeiterschaft ließ die Einwohnerzahl des auch territorial inzwischen erheblich vergrößerten Frankfurt anschwellen: von 126.000 im Jahre 1871 (im Bereich einschließlich der späteren Eingemeindungen) auf 445.000 im Jahr 1914, wobei in den Anfangsjahren die Wanderungsgewinne über 80% des Gesamtzuwachses ausmachten, dann aber der Anteil der Geburtenüberschüsse am Wachstum auf etwa 40% anstieg.[3] Folgende Zahlen mögen das verdeutlichen: 1880 waren von 137.000 Ein-

1 Kaltwasser, Gesinde, S. 80

2 Rebentisch, Industrialisierung, S. 91 ff.; etwas andere Interpretation bei Forstmann, Frankfurt, S. 401 ff.

3 Rebentisch, Industrialisierung, S. 95 f.

Demographische Entwicklung Frankfurts von 1300 bis 1990

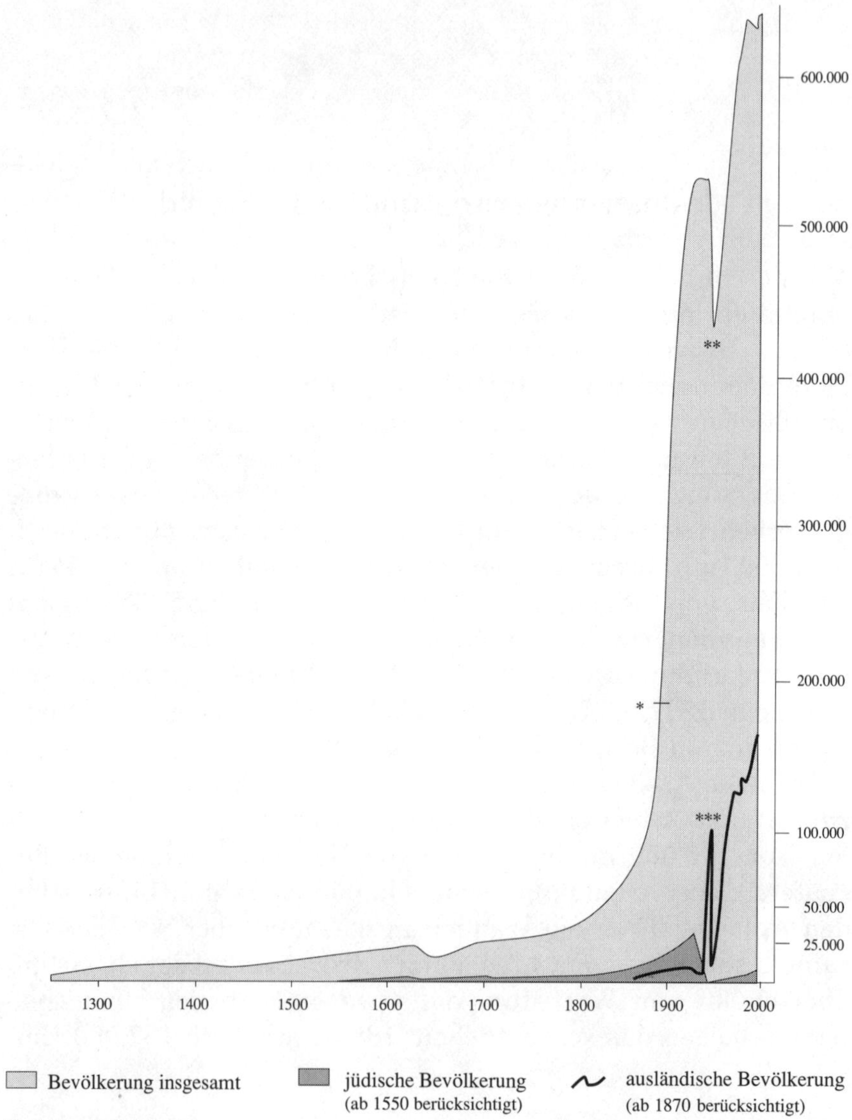

* ab hier mit Eingemeindungen
** Ende des 2. Weltkriegs

*** Zwangsarbeiter 1943-45

wohnern 41% in Frankfurt geboren, 1890 waren es 38% von 180.000, 1900 41% von 289.000 und 1910 43% von 421.000.[4]

Schlüsselt man diese enorme Zuwanderung nach der Herkunft auf, ergibt sich folgendes Bild: 1880 kamen 61% der auswärts Geborenen aus den angrenzenden preußischen Regierungsbezirken Wiesbaden und Kassel, bzw. aus dem Großherzogtum Hessen. 1890 waren es 52%, 1900 47%, 1910 44%. Zu diesen Einwanderern aus mittlerer Entfernung (bis 200 km) müssen auch noch solche aus dem nördlichen Bayern (einschließlich der Pfalz), Württemberg, Baden und aus weiteren preußischen Regierungsbezirken im Westen hinzugezählt werden, die in der amtlichen Statistik nicht nach einzelnen Regionen aufgeschlüsselt sind.

Die Einwanderungszonen dürften so in etwa nach dem bereits für das spätere Mittelalter dargestellten Schema gezeichnet werden, wobei besonders die verarmende Bevölkerung in den umliegenden Mittelgebirgen das Gros der Arbeitssuchenden gestellt hat – die lange Tradition des Spottnamens »Fulder«, mit dem die unbeholfen-ungehobelten fremden Einwohner von den Eingesessenen bedacht wurden,[5] verweist z. B. auf die große Bedeutung des fuldischen Gebiets (mit Rhön und nordöstlichem Vogelsberg) für den Zuwachs der Frankfurter Bevölkerung. Diese Zuwanderung kam unterschiedslos aus evangelischen wie katholischen Gebieten: Von 1871 bis 1925 stieg der Anteil der Katholiken an der Frankfurter Bevölkerung von 25% auf fast 33%.[6]

Einwanderung dieser Art war (ungeachtet des kulturellen, aber wegen des wirtschaftlichen Stadt-Land-Gefälles) seit dem Bestehen Frankfurts der gesellschaftliche Normalfall und vollzog sich schleichend als Teil einer allgemein akzeptierten städtischen Entwicklung. Besondere Wahrnehmung durch Öffentlichkeit und Regierung erfuhren – wie die bisherige Darstellung ergeben hat – nur solche Einwanderer, die mittellos oder anders

---

4 Statistisches Handbuch der Stadt Frankfurt 1907, S. 37; 1911/12, S. 21

5 Schanze, Sprache, S. 80; zunächst auf der Zeil, dann ab 1879 auf dem Judenmarkt (1885 in Börneplatz umbenannt) gab es die »Fulder-Börse«, ein Markt für (meist ungelernte) Arbeitskräfte, vgl. Schembs, Börneplatz, S. 103 f., mit näherer Interpretation der Abbildung auf der übernächsten Seite.

6 Statistisches Handbuch für 1906, S. 37, Statistisches Handbuch für 1926/27, S. 70

Geburtsregionen der Frankfurter Einwohner (1900)

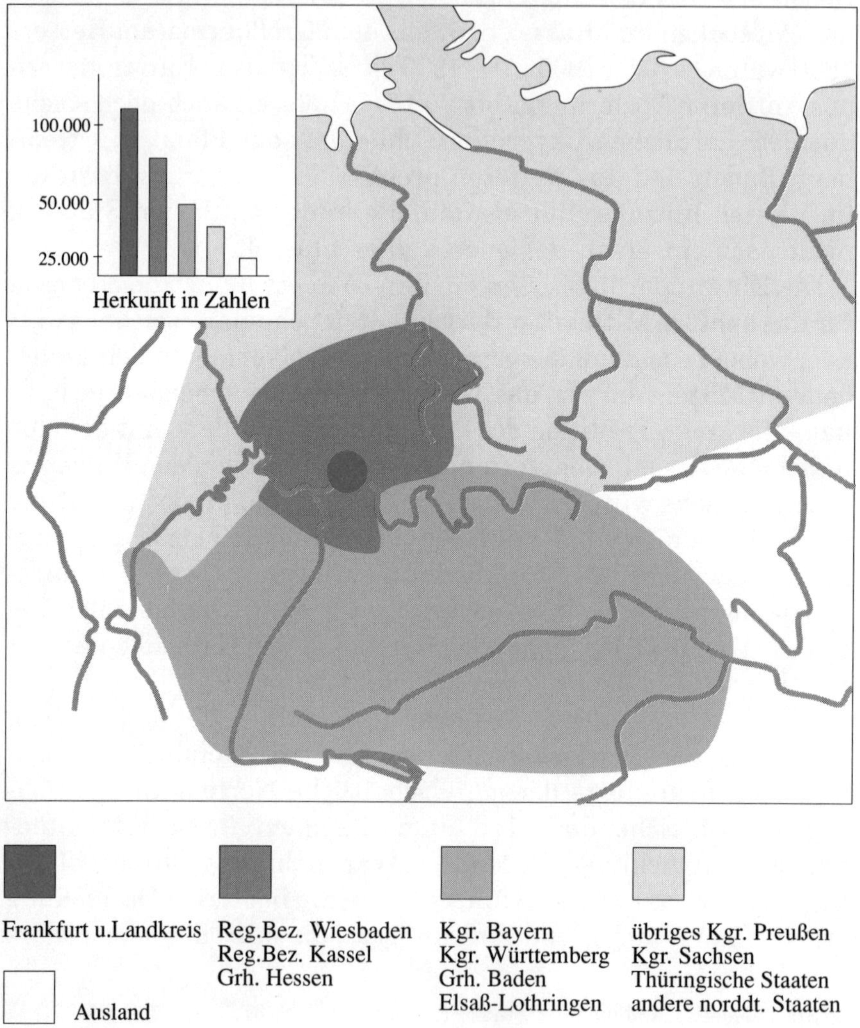

Nach Zahlen des Statistischen Handbuchs Frankfurt, 1. Ausg., S. 37

Karikatur in der Frankfurter Latern vom 24. 5. 1879 zum Umzug der »Fulder-Börse« von der Zeil zum Judenmarkt (später Börneplatz). Die Figuren auf dem Wagen sollen »bäurisch« aussehende Zuwanderer darstellen.

oder gar arm und anders waren: Bettler, frankophone und flämische Reformierte, katholische Italiener, Juden aus dem Gebiet des alten Reichs.

Daß allerdings auch eine »normale Einwanderung«, sofern sie nur massenhaft stattfand, eine kritische Würdigung aus »rassenbewußter« Sicht nach sich zog, zeigt die Stellungnahme eines Höchster Stadtmedizinalrats aus den zwanziger Jahren dieses Jahrhunderts, der sich Gedanken über die Folgen der deutschen Binnenwanderung für den (damals noch nicht eingemeindeten) Frankfurter Stadtteil machte. Es fehlten zwar die »ausgesprochen fremdrassigen Elemente wie Polen«[7], aber die verbleibende Mischung des Fremden erscheint ihm noch bedenklich genug, selbst wenn er auch auf positive Folgen aufmerksam macht.

Über »Rassenmischung in Höchst« (1925)
»Es ist das Schicksal rasch aufblühender Industriestädte, daß sich in ihren Mauern eine außerordentlich verschiedenartige Bevölkerung zusammenfindet ... [Die Situation in Höchst, A. d. V.] ist noch überraschend viel günstiger als die Verhältnisse in den rheinischen Industriestädten. Wir können immerhin sagen, daß für die Hälfte der Höchster Bevölkerung das Stammgebiet des Taunus, Westerwald und Oberhessen als Heimat zu betrachten ist. Die andere Hälfte setzt sich zusammen zu etwa ein Viertel aus Bayern, Badensern und Württembergern, das letzte Viertel ist zusammengewürfelt aus sämtlichen Gauen Deutschlands ... Was sagt uns diese zahlenmäßige Zusammensetzung über den Charakter der Bevölkerung? Man ist im allgmeinen geneigt, die Rasseeigenschaften einer solchen Mischbevölkerung nicht hoch einzuschätzen ... Auf der anderen Seite haben wir aber auch reichlich Gelegenheit, das Ergebnis von Stammesmischungen in Höchst zu studieren. Es gibt wohl kaum eine Zusammenstellung zweier deutscher Stämme, welche in Höchst als Elternpaar nicht zu finden wäre und deren Kinder nicht das Für und Wider einer solchen Mischung anschaulich machten ... Nicht zu vergessen ist ferner, daß die unerfreuliche Nivellierung durch die Stammesmischung aufgehoben wird durch die vermehrte Möglichkeit des Entstehens neuer Begabungen bei dem Zusammentreffen verschiedenartiger Rasseelemente.«[8]

Diese medizinische, aus der Tierzucht abgeleitete oder ihr wenigstens parallele Denkweise macht die fatalen Vorbehalte – selbst bei einem Menschen, den die Nationalsozialisten 1933

7 W. Hagen, Die Gesundheitsfürsorge einer Industriestadt. Erörtert am Beispiel der Stadt Höchst a. M. (Aufbau und Ausbau der Fürsorge. Veröffentlichungen des Deutschen Vereins für öffentliche und private Fürsorge, Heft 6), Frankfurt 1925, S. 9, zitiert nach Blum, Kultur, S. 210

8 Hagen, Gesundheitswesen, S. 60 f., siehe dazu auch Blum, Kultur, S. 210

wegen Mitgliedschaft in der SPD aus seinem Amt entfernten[9] – deutlich, die der Mobilitätsschub des ausgehenden neunzehnten und beginnenden zwangzigsten Jahrhunderts auslösen konnte. Wenn schon die innerdeutsche Wanderung derartig problematisiert wurde, mußten erst recht zwei Gruppen, die noch weiter von außen kamen, diesen Ressentiments ausgesetzt sein. Denn im neugegründeten Deutschen Reich nach 1871 wanderten – während fast zwei Millionen Deutsche das Land in Richtung Amerika verließen – neue Fremde ein: Polen und Juden aus dem östlichen Mitteleuropa. Die polnische Zuwanderung hatte zwei große Zentren: den Bergbau und die Stahlindustrie des Ruhrgebiets, wo sich die Facharbeiter aus den preußischen und österreichischen Teilen Polens dauerhaft ansiedeln konnten, und die ostdeutschen Landwirtschaftsgebiete mit der strikt saisonalen Anwesenheit von Erntehelfern meist aus dem russischen Teil.[10] Nach Frankfurt zog es diese Gruppe aus naheliegenden Gründen nicht: Nur etwa dreihundert Menschen gaben dort um 1900 Polnisch als ihre Muttersprache an – etwa ein Zehntel derer, die damals hier in einer fremden Sprache redeten. Englisch, Französisch und Italienisch waren hingegen zusammen mit zwei Dritteln vertreten, in den verbleibenden Rest teilten sich noch eine Reihe weiterer Sprachen. Frankfurts ausländische Fremde kamen demnach aus einer Vielzahl von Ländern: Ausdruck der durch Handel und Bankgeschäfte weitgespannten, internationalen Orientierung und dies, obwohl Berlin längst den ersten Rang als Finanzplatz eingenommen hatte.

Die Zahl der ausländischen Einwohner nahm zwischen 1871 und 1910 von 3.000 auf 12.000 zu und blieb damit in Relation zur Gesamtbevölkerung etwa gleich bei unter 3%. Doch eine Gruppe unter ihnen wuchs erheblich stärker als der Rest: Die österreichisch-ungarischen Staatsbürger hatten zwischen 1870 und 1890 etwa nur ein Viertel ausgemacht, danach stellten sie fast die Hälfte aller Ausländer. Wer waren diese Einwanderer, die von der Statistik als deutschsprachig verzeichnet wurden?[11]

9 Drummer, »Dienst am Volk«, S. 88

10 Kleßmann, Einwanderungsprobleme; Maurer, Ostjuden und deutsche Juden; Wertheimer, Strangers

Ein Blick auf die Statistik der jüdischen Gemeinde in Frankfurt kann die Frage beantworten: Zwischen 1871 und 1910 wuchs die Gemeinde um 16.000 auf 26.000 Menschen an. Zugleich wurden damals 3.500 unter ihnen als Ausländer gemeldet,[12] und diese müssen nach Ausweis der allgemeinen Ausländerstatistik zum allergrößten Teil aus Österreich-Ungarn: genauer aus Galizien, dem österreichisch verwalteten Gebiet Polens gekommen sein. Die jüdische Zuwanderung beschränkte sich allerdings nicht auf diese Region. Eine ähnlich große Gruppe dürfte aus den preußisch verwalteten Gebieten Polens (der Provinz Posen) zugewandert sein, ein kleinerer Teil auch aus dem russischen Ostpolen, denn anders ist das enorme Wachstum der Gemeinde um 8.000 Personen (über 50%) zwischen 1890 und 1900 nicht zu erklären – Zahlen, die im übrigen auf amtlichen Angaben beruhen und die Dunkelziffer der nicht gemeldeten Einwanderer nicht berücksichtigen.[13]

Frankfurt hatte also seinen Anteil an einer großen Wanderungsbewegung, in der im letzten Viertel des 19. Jahrhunderts insgesamt drei Millionen Menschen jüdischen Glaubens die Länder Osteuropas verließen, um der Armut und der zunehmenden Bedrohung durch Pogrome zu entgehen. Den größten Teil zog es nach Amerika, etwa 70.000 blieben bis 1914 im Deutschen Reich, die meisten in Berlin sowie in Frankfurt und anderen Großstädten.

Im Verhältnis zur alteingesessenen jüdischen Bevölkerung Frankfurts war unter ihren einwandernden Glaubensgenossen der Prozentsatz von Industriearbeitern, Handwerkern und Kleinhändlern deutlich höher – die soziale Herkunft dieser teils deutsch, teils jiddisch sprechenden Menschen aus wirtschaftlich

11 Statistisches Handbuch 1907, S. 37 f.; 1911/12, S. 21: Bei 8.000 gebürtigen Ausländern gaben 1900 etwa 3.300 eine andere Muttersprache als das Deutsche an, 660 sprachen deutsch und eine zweite Muttersprache.

12 Heuberger/Krohn, Ghetto, S. 134; Arnsberg, Geschichte II, S. 489 gibt fast 5.000 an.

13 Im gleichen Zeitraum stieg in der allgemeinen Herkunftsstatistik die Zahl derer, die aus nicht in der Region um Frankfurt liegenden Teilen Preußens kamen, um fast 80%, während die Zahlen aus den anderen Regionen nur um weniger als 50% wuchsen. Als russische Staatsbürger waren 1900 sechshundertvierzig Personen gemeldet; eigene Berechnung nach den Zahlen des Statistischen Handbuchs Frankfurt 1907, S. 37

unterentwickelten Regionen und gesellschaftlich traditionellen Lebensstrukturen ließ ihren Neuanfang in Deutschland eher auf den unteren Einkommensskalen beginnen.

Flucht aus der Armut, Flucht vor der ethnischen Verfolgung – diese Auswanderungsgründe machten die ankommenden Menschen in den Augen der deutschen Behörden und Bevölkerung lästig und verdächtig, also ziemlich unwillkommen. Die preußische Politik reagierte mit einer strikten Überwachung der auf Transit über die norddeutschen Häfen aus Osteuropa auswandernden Juden, und sie versuchte mehrfach, durch Massenausweisungen die Zahl der hiesigen Ausländer – eben vor allem Polen und Juden – zu veringern und andere vor der Einwanderung abzuschrecken. Auch in Frankfurt sollten zunächst mehrere hundert jüdische Menschen ausgewiesen werden, was nur durch die energische Intervention einflußreicher Gemeindemitglieder verhindert werden konnte.[14] Auch die Politik der Einbürgerungen trug den wachsenden antisemitisch-fremdenfeindlichen Stimmungen in der deutschen Öffentlichkeit Rechnung. Zwar waren mit der Reichsverfassung von 1871 ethnische oder religiöse Vorbehalte bei Einbürgerungen offiziell aufgehoben, dennoch achtete man in der Praxis weitgehend darauf, daß zumindest keine Juden der ersten Generation die deutsche Staatsbürgerschaft erwerben konnten. Die Vorbehalte gegen jüdische Neubürger waren jedoch nur die Spitze einer insgesamt vorsichtigen Einbürgerungspolitik: So erwarben in Frankfurt zwischen 1893 und 1926 kaum mehr als 2.000 ausländische Menschen insgesamt die preußisch-deutsche Staatsbürgerschaft.[15] Ausländer – und das war wohl der wichtigste Grund dieser restriktiven Gewährung – konnten eben jederzeit des Landes verwiesen werden und waren damit behördlichen Manipulationen weitaus effektiver unterworfen als ihre deutschen Mitbürger.

Die städtische Politik gegenüber den einwandernden Juden war ambivalent. Man wollte – ganz in der Tradition der vergangenen Jahrhunderte – diese meist armen und kulturell nicht angepaßten Fremden als Einwohner nicht haben, aber als Ar-

14 Heuberger/Krohn, Ghetto, S. 134 ff.

15 Statistisches Handbuch 1905/06, S. 269; 1926/27, S. 456

beitskräfte auch nicht ganz missen. Wie sich das abspielen konnte, verdeutlicht die Vernehmung des 15jährigen galizischen Juden Elias Deutsch, der in Offenbach ein Arbeitsbuch beantragte. In Frankfurt hatte er zwar Arbeit und Wohnung gefunden, doch die Behörden dort wollten ihn nur am Arbeitsplatz dulden, so daß er nun nach Offenbach ziehen und von dort nach Frankfurt zur Arbeit fahren mußte.

Antrag des Elias Deutsch auf Austellung eines Arbeitsbuchs (1908)

»Erscheint der Auslaufer Elias Deutsch, 15 Jahre alt, geb. zu Strzyzow in Galizien und erklärt: Ich bitte um Ausstellung eines Arbeitsbuches. Auf Befragen erklärte er weiter: Seit ca. 2 Monaten bin ich in Deutschland. Ich reiste über Berlin nach Köln. Dort habe ich einen Bruder wohnen, bei dem ich mich drei Tage aufhielt. Ein Geschäft habe ich nicht gelernt. Von Köln aus fuhr ich nach Frankfurt a/Main. Dort bekam ich Arbeit bei der Firma Löwenstein & Co, Portefeuillesfabrik, Fischerfeldstrasse als Hausbursche, gegen Wochenlohn von 8 Mark. Ich hatte mir auch in Frankfurt Wohnung genommen. In vergangener Woche wurde ich nun auf das dortige Polizeirevier geladen. Dort wurde mir vorgelesen, dass das Polizeipräsidium Ausländern nicht erlaube, dort zu wohnen, und dass ich innerhalb 5 Tagen mir einen anderen Wohnort suchen müsste.

Als ich darauf den Beamten frug, was ich nun machen sollte, sagte er zu mir: 'Du kannst nach Offenbach oder nach Mainz ziehen, arbeiten kannst Du hier.' Ich zog denn auch heute nach Offenbach. Morgens um 7 Uhr fahre ich mit der Lokalbahn nach Frankfurt zur Arbeit und abends 9 Uhr wieder zurück. Vorgelesen und genehmigt . . .«[16]

Daß dies kein Einzefall war, belegt ein Schreiben der Offenbacher Stadtverwaltung vom 19. 4. 1909 an das Frankfurter Polizeipräsidium: Viele zunächst nach Frankfurt eingewanderte

16 Stadtarchiv Offenbach, Akte Nr. 1094, als Faksimile abgedruckt in Heuberger/Krohn,Ghetto, S. 135

Juden wichen in das in dieser Hinsicht liberalere, zum Großherzogtum Hessen gehörende Offenbach aus, dessen jüdische Gemeinde alsbald zur Hälfte aus Ausländern bestand.[17] Daß die Behörden der Frankfurter Nachbarstadt mit dieser Rolle nicht einverstanden waren, geht ebenfalls unmißverständlich aus dem Text hervor.

Brief der Offenbacher Behörden an das Frankfurter Polizeipräsidium (1909)
»Da in der Stadt schon seit Jahren der Zuzug von polnischen Juden russischer und österreichischer Staatsangehörigkeit auffallend zunimmt, so haben wir seit einiger Zeit eine genaue Kontrolle über derartige zuziehende Ausländer eingerichtet. In vielen Fällen hat sich nun gezeigt, daß die Zuziehenden 'aus allgemein polizeilichen Gründen' von Ihnen ausgewiesen worden sind. Ja es kommt sogar sehr häufig vor, daß diese Leute trotz ihrer Ausweisung täglich in Frankfurt am Main arbeiten und nur hier des Nachts über schlafen. Hierdurch wird einfach Ihre Ausweisungsverfügung umgangen, und die Stadt Offenbach wird durch solche fremdländische ungebildete Bevölkerung mehr als gut durchsetzt. Wir gestatten uns daher die ganz ergebene Anfrage, nach welchen Grundsätzen Sie die Ausweisung solcher Ausländer behandeln, damit wir die gleichen Maßnahmen treffen und verhindern können, daß die Stadt Offenbach nicht als Zufluchtsstätte solcher Ausländer benutzt wird.«[18]

Das, was hier noch recht unbestimmt-abwertend »fremdländische ungebildete Bevölkerung« genannt wird, fand in der politischen Diskussion in und nach dem Ersten Weltkrieg einen eigenen Namen, der zum Schlagwort wurde: Die Einwanderung von »Ostjuden« entwickelte sich zu einer »Frage«, und das verhieß für die Betroffenen nichts Gutes. Der Krieg hatte mit seinen enormen gesellschaftlich-sozialen Veränderungen selbst dafür

17 Heuberger/Krohn, Ghetto, S. 135

18 Zitiert bei Heuberger/Krohn, Ghetto, S. 137, Original im Stadtarchiv Offenbach, Akte 1094

gesorgt, daß die Lage für die Juden Osteuropas noch komplizierter wurde, als sie es zuvor schon war. Die über Rußland siegreichen deutschen Armeen besetzten große Gebiete östlich der bisherigen Grenze, und von dort wurden zahlreiche Juden als Arbeitskräfte für die boomende Kriegsproduktion angeworben oder zwangsverpflichtet, hinzu kamen Tausende von jüdischen Kriegsgefangenen, die hierher gebracht wurden, wiederum andere flohen aus Galizien vor den dort siegreichen Russen nach Österreich und Deutschland.

Mit Ende des Krieges sollten sie nun alle wieder weg, die nach Entzug der Arbeitserlaubnis Ausgewiesenen kamen aber in Länder zurück, die – soeben zu Nationalstaaten geworden – wenig Interesse an einer jüdischen Rückwanderung hatten und in denen sich zum Teil der Antisemitismus in kaum gebremsten Diskriminierungen, Verfolgungen und Pogromen auszutoben begann. Für viele dieser inzwischen oft staatenlos gewordenen Menschen begann eine lange Odyssee, bevor sie in Deutschland, mehr noch Österreich und vor allem in Übersee mehr schlecht als recht Fuß fassen konnten. In Frankfurt hatten sie zunächst mehr Glück als anderswo: Der damalige Polizeipräsident, selbst Jude, weigerte sich, mit seinen Glaubensgenossen derartig umzuspringen, und führte die Ausweisungsverfügungen von oben nicht aus.[19] Ein Jahr nach Kriegsende wurde die Existenz der ausländischen Juden im preußischen Staat und damit auch in Frankfurt dann auf eine neue und günstigere Rechtsgrundlage gestellt. Im Erlaß des preußischen Innenministers Heine vom 1. 11. 1919 erhielten alle bisher Eingewanderten Bleiberecht, sofern sie eine feste Unterkunft und Arbeit hatten. Ausgewiesen werden sollten nur noch verurteilte Kriminelle und solche, die die öffentliche Ordnung nachweislich gefährdeten (was das auch immer bedeuten mochte). Für die vielen Arbeitslosen wurde eine Sonderregelung getroffen, die ein entscheidendes Licht auf die Bedingungen wirft, die eine erfolgreiche Einwanderung der osteuropäischen Juden überhaupt erst ermöglichten. Jüdische Arbeits- und Mittellose hatten dann Bleiberecht, wenn die jüdi-

19 Heuberger/Krohn, Ghetto, S. 137 zum folgenden auch allgemein Maurer, Ostjuden in Deutschland

schen Gemeinden vor Ort die Sozialhilfe für sie übernahmen, bzw. eine Arbeitsvermittlung versuchten. Die Gelder für diese Unterstützungsmaßnahmen der damals selbst verarmten Frankfurter Gemeinde kamen zum großen Teil von Spenden jüdischer Institutionen in Nordamerika.

Ohne das Engagement ihrer einheimischen und überseeischen Glaubensgenossen wären also viele Einwanderer hilflos gewesen – denn der politische Druck der antisemitisch eingestellten Öffentlichkeit war groß, und untergeordnete Behörden versuchten häufig (so auch in Frankfurt), die einwanderungsfreundlichen Elemente des Ministererlasses vom 1. 11. 1919 mit Hinweis auf die zu befürchtende Neueinwanderung und den Wohnungs- bzw. Arbeitsplatzmangel rückgängig zu machen oder wenigstens zu unterlaufen.

Stellungnahme des Polizeipräsidenten zum Ministererlaß (1920)

»Anliegend übersende ich eine Abschrift des Erlasses des Herrn Ministers des Innern vom 1. 11. 19. - IVb 2719 - zur gefälligen Kenntnisnahme.

Es ist damit zu rechnen, daß diese Bestimmungen, die in den interessierten jüdischen Kreisen sehr schnell bekannt geworden sind, einen erhöhten Zuzug von Ostjuden zur Folge haben werden, dem nunmehr von hier aus wirksam nicht mehr entgegengetreten werden kann. Es kann angenommen werden, daß im letzten Jahr etwa 5.000 Ostjuden hierher zugezogen sind, die sich gemeldet haben. Nach dem Ergebnis der Razzias in den Caffees und Schieberbörsen muß aber angenommen werden, daß wenigstens noch 10.000 Ostjuden unangemeldet sich hier aufhalten. Ein begründeter Antrag auf Aufhebung oder Abänderung des Erlasses ist von hier aus gestellt. Ich stelle ergebenst anheim, im Hinblick auf den bestehenden großen Wohnungsmangel, die Lebensmittelknappheit und die Arbeitslosigkeit wegen der Aufhebung dieser Bestimmungen weitere Schritte zu unternehmen.«[20]

20 Schreiben vom 6. 1. 1920, zitiert nach Heuberger/ Krohn, Ghetto, S. 138, Original im Stadtarchiv Frankfurt, Magistratsakten Nr. 1376

Übertreibung macht anschaulich, vor allem wenn es um eine Bedrohung geht, die man in Zahlen ausdrücken kann. 15.000 »Ostjuden« sollten also bereits in die Stadt eingewandert sein – tatsächlich konnte man jedoch nur 1.000 als sichere Zahl angeben (siehe das unten zitierte Schreiben des Magistrats), und bis 1925, als sich die Dinge längst konsolidiert hatten, war der Ausländeranteil in der jüdischen Gemeinde nur auf ca. 20% gestiegen, was gegenüber 1910 einen Wanderungsgewinn von 2.200 Personen bedeutete. Nach dem Ersten Weltkrieg sind insgesamt etwa 75.000 Juden (zum größten Teil Arbeiter und Handwerker) aus Osteuropa nach Deutschland gekommen – eine verschwindend kleine Zahl gegenüber der gleichzeitigen Auswanderung nach Übersee, und dennoch wurde daraus eine der wichtigsten politischen Debatten jener Zeit.

Das Schema dieser »Ostjudenfrage« wird noch deutlicher in der Begründung des Frankfurter Magistrats, mit der er beim Innenminster die Rücknahme des Erlasses erreichen wollte. Hier wurde ein ganzes Arsenal von in sich widersprüchlichen antisemitischen und fremdenfeindlichen Vorbehalten aufgefahren, um den Zuzug abzuwehren: Man befürchtete, daß die ankommenden Juden den deutschen Flüchtlingen (vor allem aus von den Franzosen besetzten Gebieten Westdeutschlands und aus dem inzwischen wieder französisch gewordenen Elsaß-Lothringen) in der Stadt die Wohnungen wegnehmen würden, und zugleich, daß dieselben Juden bei ihresgleichen unterschlüpften und so unhaltbare und für die Bevölkerung gefährliche hygienische Zustände entstünden. Man glaubte überdies, daß sie allesamt Schieber und Schmuggler seien, die der Bevölkerung das Brot wegstahlen, zugleich aber eine Konkurrenz für deutsche Arbeitslose im Kampf um die wenigen Arbeitsmöglichkeiten darstellten usw.

Schreiben des Magistrats an den Innenminister wegen der Ostjuden (1920)

»Wie schon in der Eingabe des hiesigen Polizei-Präsidiums vom 15/12.19 an den Herrn Regierungs-Präsidenten in Cassel ausgeführt ist, bildete Frankfurt als Handelsstadt von jeher einen

Hauptanziehungspunkt für die Juden aus dem östlichen Europa, die ihrer ganzen Veranlagung entsprechend nach einer Handelstätigkeit streben . . .
Besonders auch der ungesetzliche Handel, das Schieberunwesen, steht hier in hoher Blüte. Wie die Angaben des Herrn Polizei-Präsidenten nachweisen, wie aber auch jeder Kenner der Verhältnisse angeben kann, stellen besonders die Ostjuden ein großes Kontingent für diese Schieber und Schmuggler. Ihre bei der Überschreitung der Ostgrenze ohne Paß und unter Umgehung der Kontrolle erwiesene Fertigkeit kommt ihnen dabei besonders entgegen . . .
Doch müssen wir leider feststellen, daß ein Erlaß wie der dortige vom 1/11. v. J. geeignet ist, alle Bemühungen der hiesigen Behörden zur Bekämpfung des Schieberunwesens, der Wohnungsnot, der Lebensmittelnot und der Erwerbslosigkeit zunichte zu machen. Wie der Herr Polizei-Präsident richtig hervorgehoben hat, werden durch diesen Erlaß nicht allein die schon hier heimlich zugereisten Ostjuden, es dürften 5-10 000 sein, praktisch zum Hierbleiben berechtigt, sondern es werden noch zahllose denselben Weg kommen in der sicheren Erwartung, daß sie, wenn sie einmal gegebene Tatsachen geschaffen haben, nicht mehr herausgesetzt werden können. Ein Unterkommen, auch wenn es noch so kümmerlich, finden diese Leute meist, eine nutzbringende Beschäftigung geben ihnen ihre Glaubensgenossen, wenn auch nur zum Schein. Praktisch werden die Fürsorgeorganisationen stets, wenn eine Ausweisung droht, den Leuten zum Bleiben verhelfen, und die Behörden sind also tatsächlich gegenüber einem heimlich über die Grenze gekommenen Ostjuden so gut wie machtlos.
Schon strömen von allen Enden des früheren Deutschlands die heimatlos gewordenen und vertriebenen Volks- und Stammesgenossen in die engere Heimat zurück. Die Übervölkerung Deutschlands wächst täglich. Unhaltbare Zustände auf Wohnungsmarkt, Arbeits- und Lebensmittelmarkt sind die unmittelbare Folge dieser Erscheinung. Es muß vom volkswirtschaftlichen Standpunkte bedenklich erscheinen, in diesem Augenblick auch noch jenen Fremden aus dem Osten freien Eingang zu sichern. Frankfurt ist in seinen moralischen Verpflichtungen gegenüber dem Flüchtlingselend in überreichem Maße nachgekommen. Nie hätte die Wohnungsnot hier am Ort

einen derart hohen Grad erreichen können, wenn nicht Flüchtlinge aus dem Westen in großer Zahl hier Unterkommen gefunden hätten. Die jetzige Bedeutung Frankfurts als Handelszentrale zieht weiter Tausende aus dem Inland an. Tausende von einheimischen Frankfurter Familien sind dadurch obdachlos geworden. Wir stehen seit Monaten mit dem Herrn Minister für Volkswohlfahrt in Unterhandlung, um eine neue rechtliche Handhabe zur Sperrung des überflüssigen Zuzugs hierher zu erhalten ...

Die Stadt Frankfurt ist also genötigt, jeden unnötigen Zuzug hierher mit allen Kräften zu unterbinden. Nun ist der heimlich hierherkommende Ostjude ganz selbstverständlich darauf angewiesen, sich ein Unterkommen im Schleichwege zu verschaffen, die Vermittlung des Wohnungsamtes nimmt er in den seltensten Fällen in Anspruch. Da der Schleichhandel mit Wohnungen noch immer einen großen Umfang hat, so bekommt der Betreffende in den meisten Fällen ein Unterkommen. Er nimmt dadurch der ehrlichen einheimischen Bevölkerung, die sich der Vermittlung des Wohnungsamtes bedient, den verfügbaren Raum weg, trägt zur Erhöhung der allgemeinen Verbitterung und Verstärkung des schon sehr stark entwickelten Antisemitismus erheblich bei und kann von der Polizei nicht ausgewiesen werden, weil er ja ein Unterkommen hat. Das Wohnungsamt ist nach den bisherigen gesetzlichen Bestimmungen andererseits kaum in der Lage, ihn aus der heimlich bezogenen Wohnung wieder herauszubringen.

Eine andere sehr bedenkliche Folge des heimlichen Unterschlüpfens der ganz kleinen Leute unter den Ostjuden in den eng bevölkerten Bezirken der Altstadt ist die, daß die Belegung der Wohnungen, die unter dem Zwange der Wohnungsnot schon ohnehin weit über das sozial erstrebenswerte hinausgeht, eine noch dichtere wird. Es wird so der denkbar günstigste Boden für Epidemien geschaffen, zumal jene Osteuropäer einer weit niedrigeren Kulturstufe entstammen und ihre Lebensweise unseren Begriffen von Hygiene durchaus nicht entspricht ...

Es ist dem Magistrat sehr wohl bekannt, daß auch unter den zu uns geflüchteten Ostjuden eine große Anzahl sind, die Anspruch auf unseren Schutz haben. Wir haben aber nachweislich bereits über 1000 von diesen Leuten ordnungsmäßig aufgenommen. Viele Tausende weilen daneben heimlich in Frankfurt. Sie sind nirgends gemeldet, verschaffen sich die Lebensmittel heimlich, treiben einen umfangreichen Schleichhandel, verteuern die Waren und schädigen die einheimische Versorgung ... Wie aus dem Gesagten erhellt, stehen die Ostjuden auf Grund des dortigen Erlasses vom 1. November 1919 in mehrfacher Beziehung besser als unsere eigenen Landsleute. Daher bitten wir, die fragliche Bestimmung einer Nachprüfung und Abänderung in dem von uns befürworteten Sinne unterziehen zu wollen.«[21]

Die Einwanderung der Ostjuden und ihre negative Aufnahme in großen Teilen der deutschen Öffentlichkeit hatten für die jüdischen Gemeinden, aber auch für die nicht mehr glaubensgebundenen Menschen jüdischer Herkunft eine komplizierte Lage geschaffen.[22] Die Einwanderer waren fremde Verwandte, die in Religion, Sprache und Sozialverhalten eine Form jüdischer Existenz verkörperten, die die Mehrzahl der einheimischen Juden einhundert bis einhunderfünzig Jahre zuvor abzulegen begonnen hatte. Die Frankfurter jüdische Gemeinde war damals auf dem besten Wege, in einer sich selbst säkularisierenden deutschen Umwelt so aufzugehen, daß der jüdische Glaube immer mehr als eine deutsche Konfession, vergleichbar mit der protestantischen und katholischen, begriffen werden konnte. Mit der Zuwanderung traditionell orientierter Glaubensbrüder wurden sie an ihr früheres Schicksal als ausgegrenzter Minderheit erinnert, was für viele ein irritierendes Moment in diesen Prozeß der »Normalisierung« brachte. Da den deutschen Antisemiten die einwandernden Juden zum Klischee ihres Judenhasses wurden, begannen viele deutsche Juden zu ahnen, daß ihre bürgerliche Gleichheit, ihre Integration in viele gesellschaftliche Bereiche sie nicht aus der Schußlinie dieser Aggressionen würden ziehen können, daß die inzwischen hundert Jahre alte Emanzipation

21 Entwurf eines Magistratsschreibens (nach einer Vorlage durch das Wohnungsamt) an den Innenminister vom 16.2. 1920 Stadtarchiv Frankfurt, Magistratsakten, Nr. 1376

22 Siehe dazu Maurer, Ostjuden und deutsche Juden

aus dem Getto noch keine Garantie für das Ende der ihnen zugeschriebenen, für sie gefährlichen Fremdheit bieten würde.

Das Verhältnis von einheimischen und eingewanderten Juden war dementsprechend ambivalent. Solidarität herrschte im sozialen und karitativen Bereich, deutliche Grenzen wurden jedoch von beiden Seiten auf religiösem, kulturellem und politischem Gebiet organisiert, um die jeweils unterschiedliche Identität zu wahren. Auch die staatlichen Organe taten wenig, um eine formelle Gleichheit herzustellen: zehn- bis zwanzigjährige Ansässigkeit war in der Praxis (nicht nach dem Gesetz) Voraussetzung für die Einbürgerung, also nur für eine Minderheit unter den Einwanderern bis 1933 erreichbar.

Neben der Zuwanderung von Juden aus dem östlichen Europa hatte der Erste Weltkrieg noch eine zweite, zahlenmäßig etwa gleichstarke Einwanderungswelle in Frankfurt zur Folge. Das siegreiche Frankreich machte die Annexion von Elsaß-Lothringen durch das Deutsche Reich von 1871 wieder rückgängig und vertrieb all die Deutschen, die zuvor aus anderen Reichsteilen (als Beamte, Offiziere usw.) dorthin gezogen waren. Frankfurt entwickelte sich — mit tatkräftiger Unterstützung einheimischer Bürger — zur Drehscheibe dieser Rückwanderung. Etwa 4.500 (von ca. 150.000 insgesamt) blieben auf Dauer, ein großer Teil von ihnen gehörte zum gehobenen Bildungsbürgertum und wurde entsprechend wohlwollend aufgenommen. Die Frankfurter Universität trat die Rechtsnachfolge der (deutschen) Straßburger Universität an und förderte die landesgeschichtliche Erforschung des ehemaligen «Reichslands Elsaß-Lothringen«.[23]

Die Sprengung des Sozialverbandes

Während die Integration der deutschen Rückwanderer aus Elsaß-Lothringen offenbar problemlos vonstattenging, wollte man von der Eingliederung einer Minderheit nichtdeutscher Herkunft, den Sinti und Roma, möglichst wenig wissen. 1929 ließ der Magistrat an der Friedberger Anlage ein Auffanglager mit

23 Drüner, Schatten, S. 350 f.

allerlei Auflagen für die Betroffenen errichten, um ihnen den Aufenthalt im Stadtgebiet möglichst gründlich zu verleiden.[24]

Aber auch die Situation für die einheimischen und zugezogenen Juden wurde mit dem Ende der Weimarer Republik immer problematischer. Zwar war Frankfurt in den fünfzig Jahren vor 1933 niemals eine Hochburg des Antisemitismus gewesen,[25] und doch bewiesen 1930/31 wie in Berlin auch hier mehrere brutale und organisierte Angriffe auf Synagogen und ihre Besucher die Brisanz dieser politischen Bewegung. Die nationalsozialistische Diktatur, die 1933 von 44% der Frankfurter Wähler gewollt wurde, systematisierte dann auf allen Ebenen die Unterdrückung und Verfolgung der als jüdisch eingestuften Menschen: Die bisherigen Einbürgerungen wurden aufgehoben, die Juden aus Ämtern und Arbeitsstellen der öffentlichen Hand entlassen, aus den Bildungseinrichtungen herausgeworfen, durch die Nürnberger Rassengesetze von der Gemeinschaft der »richtigen« Menschen ausgeschlossen, um Arbeit und Besitz gebracht und schließlich nach dem Abtransport in die Vernichtungslager all die physisch vernichtet, die nicht zuvor ins Ausland fliehen konnten oder auswandern durften.

So hörte im Sommer 1943 auch die jüdische Gemeinde Frankfurts auf zu bestehen. 15.000 waren es noch 1939 gewesen, fast 10.000 Menschen wurden seit 1941 von hier in die Lager abtransportiert, viele Frankfurter aber auch aus anderen Städten in Deutschland oder Fluchtorten im Ausland, die später von der deutschen Armee besetzt worden waren, dorthin verschleppt. So ist wahrscheinlich etwa die Hälfte aller Frankfurter Juden der nationalsozialistischen Herrschaft unmittelbar zum Opfer gefallen, die andere Hälfte in ein schwieriges und häufig genug traumatisches Exil getrieben worden.

Die Vernichtung der jüdischen Gemeinde Frankfurts zerstörte ein Element des städtischen Sozialzusammenhangs, das hier seit dem Mittelalter bestand, und damit zu den ältesten der noch lebendigen städtischen Traditionen zählte. Denn weit mehr als

---

24 Gerth, Umgang, S. 15, mit Verweis auf die Magistratsakte «Bekämpfung der Zigeunerplage. Frankfurter Konzentrationslager an der Friedberger Anlage. 1929 f.«

25 Dazu Schlotzhauer, Ideologie

der Durchschnitt Frankfurter Bürger konnten jüdische Familien ihre Anwesenheit am Ort bis in die frühe Neuzeit und das Mittelalter zurückverfolgen.[26] Bei den mittelalterlichen Pogromen waren es Teile der christlichen Einwohnerschaft selbst, die das blutige Geschäft betrieben hatten, diesmal war die Vernichtung das Werk einer staatlichen Maschinerie, deren Frankfurter Rädchen unbehelligt funktionieren konnten. Von den unmittelbaren Tätern der Unterdrückung, Denunziation, Verschleppung und Ermordung abgesehen hat die unverfolgte Mehrheit (mit wenigen Ausnahmen) zugesehen, wie Mitbürger ausgegrenzt, vertrieben und schließlich in Massen deportiert wurden, und sie hat damit den Zusammenbruch des städtischen Sozialverbandes wohlwollend, neutral oder aus Angst vor den Folgen wenigstens widerstandslos hingenommen.

Die politische Partei, die Deutschland den Deutschen versprochen hatte, sprengte aber nicht nur durch die Vernichtung der jüdischen Gemeinde die bisherige städtische Gemeinschaft nachhaltig auseinander. Während unzählige junge Männer als Soldaten durch die halbe Welt geschickt wurde und nicht selten auch dort umkamen (fast 18.000 Frankfurter Soldaten sind im Krieg gestorben[27]), holte man sich an die verwaiste Heimatfront die fehlenden Arbeitskräfte aus der feindlichen Fremde: Kriegsgefangene, Deportierte, Zwangsarbeiter, angeworbene Kräfte usw. aus allen besetzten Gebieten wurden auch nach Frankfurt verfrachtet, um in der dortigen Industrie die (meist Rüstungs-)Produktion in Gang zu halten — diese ausländischen Menschen stellten bei Kriegsende ein Viertel der Frankfurter Bevölkerung! In über einhundertsiebzig Lagern oder ähnlichen Unterkünften[28] waren diese etwa 100.000 Kriegssklaven zusammengepfercht und mußten unter meist härtesten Bedingungen arbeiteten, was viele von ihnen nicht überlebten. Die Baracken eines dieser Lager sind kürzlich auf dem Gelände einer amerikanischen Kaserne nahe der Eschersheimer Landstraße identifiziert

26 Vgl. Arnsberg, Geschichte II, S. 487

27 Statistisches Jahrbuch 1950

28 Ein Verzeichnis der Lager existiert im Hauptstaatsarchiv Wiesbaden, 483/7328, siehe Kaiser/Knorn, Adlerwerke, S. 40 Anm. 138; Rebentisch, Frankfurt, S. 512, zählt 217 solcher Lager.

worden — wahrscheinlich die letzen materiellen Überreste dieses immer noch ungeschriebenen Kapitels der Stadtgeschichte.[29] Die in diesem Zusammang bisher einzig publizierte Untersuchung behandelt die Situation in den Adlerwerken (im Gallus-Viertel). Sie hatten in Frankfurt nach der IG-Farben (heute Höchst AG) und den Vereinigten Deutschen Metallwerken das drittgrößte Kontingent an Zwangsarbeitern.[30] 1943 war fast die Hälfte der Belegschaft ausländischer Herkunft (unter ihnen über 10% Kriegsgefangene), die meisten in einem großen Lager in Frankfurt-Griesheim untergebracht. Mitte 1944 wurde überdies auf dem Betriebsgelände ein eigenes Konzentrationslager, nominell Außenlager des inzwischen geräumten KZ Natzweiler (Elsaß), unter dem Decknamen «Katzbach« errichtet. «Vernichtung durch Arbeit« galt auch hier als Maxime: Etwas mehr als ein halbes Jahr bestand das Lager, von insgesamt etwa 1.600 Häftlingen sind über fünfhundert in Frankfurt selbst umgekommen, und von den übrigen überlebten nur die wenigsten nach der Evakuierung im Februar/März 1945 die Todesmärsche in andere Konzentrationslager.[31]

Zu dieser unmenschlichen Zwangsmobilität ungeheuren Ausmaßes kam noch die materielle Zerstörung von oben: alliierte Flugzeugangriffe, die – deutschen Beispielen in Guernica, Rotterdam oder Coventry folgend – mit Feuer- und Sprengbomben der Bevölkerung nachdrücklich den Krieg vor Ort erklärten. Große Teile Frankfurts fielen in Trümmer, 5.000 Menschen kamen um, über 20.000 blieben als Krüppel zurück,[32] und die massenhaften Evakuierungen taten ein übriges, die alte Sozialstruktur auseinander zu sprengen.

Die nationalsozialistische Herrschaft und ihre unmittelbaren Folgen hatten so am Ende des Krieges die Stadt innerlich und äußerlich an entscheidenen Stellen zerrissen, zerfetzt, ruiniert und auf die Hälfte ihrer ursprünglichen Bevölkerungszahl reduziert. Mit der deutschen Kapitulation und dem Abzug der aus-

---

29 Frankfurter Rundschau vom 30. 9. 92, S. 21 f.; Kaiser/Knorn, Adlerwerke, S. 40

30 Kaiser/Knorn, Adlerwerke, S. 20 f.

31 Ebenda, S. 11 ff.

32 Rebentisch, Frankfurt, S. 512 ff.

ländischen Zwangsarbeiter aus der Stadt war allerdings das Ende der Zwangsmobilität noch lange nicht erreicht, im Gegenteil: Nun kam das Zeitalter der »displaced persons«, der durch den Krieg und seine politischen Folgen entwurzelten Menschen, wie man es wohl übersetzen sollte. Unter ihnen befanden sich etwa 200.000 Juden, die in Osteuropa die Shoa überlebt hatten oder von ihr verschont geblieben waren und nun vor neuerlichen Diskriminierungen, Verfolgungen und regelrechten Pogromen nach Westen flohen und in den amerikanischen und britischen Besatzungszonen vorübergehende Aufnahme fanden, bis sie weiter nach Amerika und vor allem nach Palästina bzw. dem 1948 unabhängig gewordenen Israel auswandern konnten. 3.500 von ihnen lebten mehrere Jahre in einem Lager in Frankfurt-Zeilsheim, ein Teil blieb und bildete mit nach und nach zuwandernden Glaubensgenossen die neue Jüdische Gemeinde Frankfurts.

Jüdische «displaced persons« am 15. Mai 1946 in Zeilsheim bei der Feier des »Befreiungstages« und einer Kundgebung für die Öffnung Palästinas

Bis auf fünfhundert Personen aus Theresienstadt kehrten allerdings nur sehr wenige der mit dem Leben davongekommenen ehemaligen Frankfurter hierher zurück.[33]

Doch auch die Deutschen mußten in Massen wandern, nicht nur die unzähligen Kriegsgefangenen, die als Heimkehrer oder Spätheimkehrer mit Reintegrationsproblemen zu kämpfen hatten, sondern auch die aus den ehemaligen deutschen Ostgebieten jenseits von Oder und Neiße und den sonstigen ost- und südosteuropäischen Siedlungsgebieten mit Gewalt vertriebenen Deutschen: »ethnische Säuberungen« – wie die von Nationalsozialisten und Stalinisten im großen Stil eingeführte Politik nun im ehemaligen Jugoslawien genannt wird –, die etwa acht Millionen Flüchtlinge auf das Gebiet der alten Bundesrepublik brachten. 1950 setzten sich die 532.000 Bewohner Frankfurts zu 74% aus Einheimischen (Familien, die vor dem Kriege bereits hier wohnten), zu 10% aus Heimatvertriebenen, zu 6% aus Flüchtlingen aus der Sowjetischen Besatzungszone bzw. DDR und zu ca. 10% aus anderen Zuwanderern zusammen.[34]

Nationale und internationale Mobilität

Integration war nun das Stichwort, unter dem aus einer disparaten und traumatisierten Bevölkerung wieder ein funktionierender Sozialverband entstehen sollte.[35] Natürlich galt das nur für die ansässige Einwohnerschaft. Die große Gruppe der regelmäßig ausgetauschten amerikanischen Besatzungs- bzw. später Stationierungssoldaten und ihrer Angehörigen bildete von Anfang an bis in die jüngste Zeit ein mehr oder weniger geschlossenes Getto, dessen (bis 1991 ca. 10.000, nun wegen des Truppenabzugs erheblich weniger) Bewohner zwar im Stadtbild präsent sind, aber in keine dauerhaften Sozialbeziehungen mit der übrigen Einwohnerschaft treten – und in den amtlichen

33 Kugelmann, Juden in Frankfurt, S. 193 ff.; Arnsberg, Geschichte II, S. 468 und 488

34 Statistisches Jahrbuch 1951, S. 26

35 Zur Geschichte der politischen Institutionen des modernen Frankfurts siehe Balser, Frankfurt, S. 521 ff.

Statistiken auch nicht unter sie gezählt werden. Von diesem Sonderfall abgesehen ging es nach 1945 um Integration nach der politischen Polarisierung, d. h. Integration von Zurückgebliebenen und Rückkehrern, Integration von verwitweten Müttern und verwaisten Kindern, Integration der in die Stadt strömenden fremden Deutschen.

Bereits 1951 hatte die Stadt ihre ehemalige Einwohnerzahl wieder überschritten und wurde schnell einer der wirtschaftlichen Mittelpunkte in der soeben aus den drei westlichen Besatzungszonen gegründeten Bundesrepublik Deutschland. Die als »Wirtschaftswunder« geradezu mythisch gedeutete Entwicklung der fünfziger Jahre hatte in Frankfurt eine ganz spezielle Dynamik: Um 64% stieg die Anzahl der Beschäftigten innerhalb eines Jahrzehnts, d. h. mehr als doppelt so schnell wie im sonstigen Bundesgebiet. Dieser enorme Zuwachs konnte aus den traditionellen Einzugsgebieten der näheren Umgebung nicht mehr gedeckt werden: 1961 wurden in Frankfurt fast 100.000 Menschen gezählt – das waren 14% der Gesamtbevölkerung von nahezu 700.000 –, die zuvor aus der Sowjetischen Besatzungszone bzw. der DDR hierher gekommen waren.[36]

Mit dem Bau der Berliner Mauer wurde dieser Zuzug meist jüngerer und qualifizierter Arbeitskräfte abrupt abgeschnitten, für die städtische Wirtschaftsdynamik mußte also dringend woanders her Nachschub besorgt werden, um den konjunkturellen Aufschwung fortzusetzen. Daß man sich auf einen ständig weitersprudelnden Quell zwischen Elbe und Oder nicht auf Dauer würde verlassen können, war den Verantwortlichen in Wirtschaft und Regierung bereits seit Mitte der fünfziger Jahre klargeworden. In zwei Weltkriegen hatten deutsche Regierungen und Verwaltungen ja schon umfassende Erfahrungen mit Zwangsrekrutierungen und mehr oder weniger freiwilligen Anwerbeaktionen ausländischer Arbeitskräfte für den Bedarf der deutschen Kriegsproduktion gemacht – also den zeitlich begrenzten massenhaften Einsatz einer national gut durchmischten fremden Arbeiterschaft in der Praxis erprobt. Und so hatte man wieder – keine zwanzig Jahre nach dem letzten Engpaß – dort,

---

36 Hausmann, Marginalisierung, S. 439

Italienerin in Frankfurt an der Stanzmaschine (1963)

wo es noch ungebrauchte und unverbrauchte Arbeitskräfte in Hülle und Fülle gab, entsprechende Rahmenabkommen mit den Regierungen geschlossen: Anwerbeverträge mit Italien (1955), Spanien und Griechenland (1960), die nun in die Tat umgesetzt und durch Verträge mit weiteren Ländern ergänzt wurden, nämlich bis 1968 mit der Türkei, Portugal, Marokko, Tunesien und Jugoslawien.[37]

Die Mainmetropole begann so nun auf doppelte Weise, ausländische Bürger an sich zu ziehen. Ihr Ausbau als Banken- und Dienstleistungszentrum (z. B. Flughafen, Messe, Hotels und Restaurants) von internationaler Bedeutung brachte zahlreiche ausländische Unternehmer, Firmen, Gesellschaften und Konsulate mitsamt einem Anteil jeweils nationaler Angestellter, Manager oder Besitzer in die Stadt, desgleichen stellten auch deutsche Firmen mit internationalen Interessen entsprechend Ausländer ein. 11.000 ausländische Einwohner hatte die Stadt noch 1957 gezählt, weniger als zu Zeiten der Weimarer Republik. Zehn Jahre später waren es bereits viermal mehr, die Hälfte davon jene ausländische Mittel- und Oberschicht, zur anderen Hälfte »Gastarbeiter«, also Menschen, die gezielt aus Südeuropa als Arbeiter oder Hilfsarbeiter für Frankfurter Betriebe angeworben worden waren. 10.500 Italiener, 7.400 Spanier und 3.400 Griechen hatten somit den Status eines »ausländischen Wanderarbeiters«, wie es noch weniger euphemistisch in preußischen Zeiten geheißen hatte. Allerdings deckten sich anfangs im Begriff »Gastarbeiter« die Erwartungen auf beiden Seiten: Die meist ledigen und zum größten Teil männlichen jungen Erwachsenen verließen ihre Heimat nicht mit der Absicht auszuwandern, sondern um genügend Geld zu verdienen und später zurückzukehren; ihre deutschen Arbeitgeber dachten bestenfalls mittelfristig an ihren Arbeitskräftebedarf und die Behörden nur an die administrativ-polizeiliche Kontrolle eines Provisoriums.

Kaum sieben Jahre später, als bereits etwa 100.000 Nichtdeutsche in der Stadt lebten, war (fast) allen Beteiligten klar, daß die Anwesenheit der ausländischen Arbeiter eine gleichsam verkehrte Dynamik gewonnen hatte: Statt – wie geplant – sich ständig auszutauschen, wurden die »Gäste« statisch, sie gründeten Familien oder holten Angehörige nach; und ihre Arbeitgeber waren es zufrieden, sie als inzwischen gut eingearbeitete Mitarbeiter nicht wieder zu verlieren.

---

37 Bade, Einheimische Ausländer, S. 393 ff.

»Gastarbeiter« im Frankfurter Hauptbahnhof (1972)

In diese Zeit fiel aber zugleich eine umgekehrte gesellschaftliche Dynamik, die die Bedeutung der ausländischen Einwohner erheblich erhöhte. Die bisher ansässige deutsche Bevölkerung begann sich merklich auszudünnen. Der »Pillenknick«, also der dramatische Rückgang der Geburtszahlen seit etwa 1966, wurde nun spürbar, und zugleich akzentuierte sich die »Stadtflucht« junger, besserverdienender Familien, die ihrer Kinder wegen in die umliegende Region auswichen. 30% der Neugeborenen im Stadtgebiet waren bereits zu Beginn der siebziger Jahre ausländischer Herkunft,[38] und die Frankfurter Betriebe beschäftigten eine zur Hälfte nichtdeutsche Arbeiterschaft.

Der soziale Ausgangspunkt der Wanderung spiegelte sich nun auch in der Ausgestaltung der Seßhaftigkeit wider. Sieht man von der mit dem wirtschaftlichen Boom auch gewachsenen ausländischen Oberschicht von Unternehmern, Managern und An-

38 FAZ, Lokales, 28. 7. 72 mit Bezug auf das Statistische Jahrbuch 71

gestellten ab, mußten sich die ausländischen Arbeitsmigranten in der Regel mit Wohnungen zufrieden geben, die von ihren deutschen Kollegen nicht mehr recht gewollt wurden: In Vierteln mit einfachen (Arbeitersiedlungen) oder heruntergekommenen Mietshäusern, wo ihnen zudem überdurchschnittliche Mieten abverlangt wurden. Der freie Wohnungsmarkt verlangte (und tut dies immer noch weiter) von den ausländischen Mietern einen beträchtlichen Risikozuschlag und zwang mit dieser Diskriminierung die Betroffenen zu einem Verhalten, das die Vorurteile dann erst richtig bestätigte: Um mit ihrem Einkommen am unteren Ende der gesamten Arbeitnehmerschaft die relativ teureren Mieten aufbringen zu können, mußten sich mehr Menschen auf die einzelnen Wohnungen konzentrieren, als es bei den reicher werdenden Deutschen inzwischen üblich war.

Die Orientierung der Arbeitsmigranten nach sozialen und wirtschaftlichen Gesichtspunkten wird daraus deutlich, daß zwar einzelne Stadtviertel überdurchschnittlich – Bahnhofsviertel, Gutleutviertel, Gallus, Höchst usw. – und viele Häuser in ihnen sogar zu 100% von Ausländern bewohnt wurden, aber in der Regel nicht von einzelnen Nationalitäten in abgeschlossenen Komplexen. Von einem Getto kann man also nur in sozialer, nicht aber nationaler oder kultureller Hinsicht sprechen.[39] Stadtpolitik und Stadtverwaltung waren auf die neuen Anforderungen an die soziale Infrastruktur kaum oder gar nicht eingestellt – dies betraf vor allem die Kindergartenplätze und die Schulsituation. Die Anwesenheit dieser neuen großen städtischen Bevölkerungsgruppe war zwar unübersehbar, doch bestanden kaum Vorstellungen darüber, welche dauerhaften Folgen die Situation haben werde. Den Eingewanderten ging es dabei kaum anders: Zwei Drittel von ihnen konnten oder wollten damals keine verbindlichen Auskünfte über ihre langfristigen Absichten geben.[40] Die Möglichkeit, in ihre alte Heimat zurückzukehren, war zu sehr Teil ihrer subjektiven Einwanderungsbedingungen gewesen, um sich endgültig für ein Bleiben entschei-

---

39 FAZ, Lokales, 17. 1. 73 mit Bezug auf ein Magistratsgutachten von Frau Borris

40 FAZ, Lokales, 25. 10. 74 mit Bezug auf ein Gutachten des Deutschen Instituts für Urbanistik

den zu können – zugleich galten ihre wirtschaftlichen Motive ungebrochen weiter, vor allem dann, wenn inzwischen die Familie teilweise oder ganz nachgezogen war. In der Praxis bildete sich so ein System heraus, das den einzelnen beide Seiten offenhalten sollte: persönliche Verflechtungen mit Angehörigen und Freunden in der alten und neuen Heimat, formelle und informelle Bindungen zu den Landsleuten hier in gleicher Einwanderungssituation und formelle Kontakte zu Arbeitgebern und Behörden. So entstanden »ethnische Kolonien« mit ihrer spezifischen Infrastruktur und meist auch generationenüberdauernden Überbrückungsfunktion.[41]

Ausgelöst durch die erste Ölpreiskrise und den folgenden Konjunkturabschwung mit steigenden Arbeitslosenzahlen versuchte die Bundesregierung die bisherige Einwanderungspolitik (für Arbeitskräfte) den neuen Gegebenheiten anzupassen. 1973 wurde die weitere Anwerbung in den betroffenen Ländern gestoppt, um den Markt für deutsche Arbeitssuchende zu schützen und das »Gastarbeiterproblem« auf diese Weise zu entschärfen. Diese Sperre hatte aber Folgen, die von ihren Verantwortlichen wahrscheinlich kaum ins Auge gefaßt worden waren. Die hier arbeitenden Ausländer wurden nun unmißverständlich vor die Alternative gestellt, endgültig in ihre Heimat zurückzukehren oder alles daran zu setzen, auf Dauer hier zu bleiben. Vorübergehende Rückkehr mit erneuter Anwerbung nach Deutschland war jetzt ausgeschlossen, und so begünstigte der Anwerbestopp nur die schon bestehende Tendenz, die Angehörigen nachzuholen und damit Frankfurt für sich zum tatsächlichen Lebensmittelpunkt zu machen.

Der Anteil der Ausländer an der Wohnbevölkerung stieg also weiter oder ging jedenfalls nicht nennenswert zurück. Die staatlichen Behörden versuchten nun, einen weiteren administrativen Damm gegen diese Entwicklung zu errichten, und erließen 1975 »Richtlinien über die Regulierung des Zuzugs ausländischer Arbeitnehmer«: In »überlastete Siedlungsgebiete« (mit mehr als 12% Ausländern) – d. h. in Frankfurt und seiner Nach-

41 Heckmann, Minderheiten, S. 96 ff.; FAZ, Lokales, 20. 8. 86 mit Bezug auf eine Studie von Christian Giordano an der Universität Frankfurt

barschaft – sollten nun keine Ausländer mehr zuziehen und vor allem nicht mehr von den Arbeitsämtern vermittelt werden dürfen. Diese neuen Bestimmungen, die in der Praxis für einzelne große Härten und Schwierigkeiten mit sich brachten, konnten die Ziele ihrer Urheber nicht herbeiführen. Rechtmäßig in Anspruch genommene Familienzusammenführungen und illegale Einwanderung sorgten dafür, daß zwei Jahre später die Zahl der wegen wirtschaftlicher Rezession abwandernden Ausländer fast vollständig kompensiert wurde und wegen des Rückgangs der Gesamtbevölkerung ihr Anteil sogar prozentual auf über 18% gestiegen war. Die Probleme einer angemessenen sozialen Integration waren also durch die 1977 aufgehobene Zuzugssperre nicht geringer geworden. Auch hatte sich die nationale Zusammensetzung der nichtdeutschen Bevölkerung erheblich geändert. Nun lagen die Gruppen der Jugoslawen und Türken bereits weit vor den zuvor dominierenden Italienern, Spaniern und Griechen, die Integrationsprobleme hatten sich differenziert und angesichts der muslimischen Türken in den Augen einer christlich geprägten Öffentlichkeit auch wesentlich erhöht.

Die »Ausländerfrage« wurde zusehends zum Politikum. Restriktive Konzeptionen versuchten, die »Rückkehrbereitschaft und -fähigkeit« durch ein Bündel rechtlicher Einschränkungen zu erhöhen: So forderten sie, die Ansässigkeit auch über die bisherigen fünf Jahre hinaus stets nur durch Aufenthaltserlaubnis, d. h. befristet zu genehmigen und erst nach acht Jahren ein Aufenthaltsrecht infrage kommen zu lassen. Die Familienzusammenführung sollte für Jugendliche zwischen sechs und siebzehn Jahren gänzlich ausgeschlossen und ansonsten durch die Nachweispflicht von angemessener Wohnung, ungekündigtem Arbeitsverhältnis und Deutschkenntnissen erheblich erschwert werden. Schließlich müsse man bei Bedarf ausländische Arbeitnehmer auch durch Nichtverlängerung der Arbeitserlaubnis zur Räumung ihres Arbeitsplatzes zwingen können.

Gegen diese Vorstellungen einer Arbeitsgruppe der Bund-Länder-Kommission zur Ausländerpolitik wurden Forderungen laut, die die Interessen der Eingewanderten zu berücksichtigen versuchten und den Anspruch auf Bedingungen einer gleichberechtigeren Integration anmeldeten: gesichertes Daueraufenthaltsrecht (das überhaupt erst Lebensplanung ermöglicht), freie Familienzusammenführung und Arbeitsvermittlung für diese Neuankömmlinge; bei Arbeitslosigkeit Anspruch auf unbefristete Arbeitslosenhilfe und Fördermaßnahmen durch das Arbeitsamt; schließlich das passive und aktive kommunale Wahlrecht auch für nichtdeutsche Einwohner sowie die Erleichterung der Einbürgerung durch die Möglichkeit doppelter Staatsbürgerschaft.[42]

Die Politisierung der Einwanderungssituation begann nun, auch in den Wahlkämpfen eine Rolle zu spielen: 1981 forderte der damalige CDU-Spitzenkandidat und Oberbürgermeister Wallmann einen (erneuten) Zuzugsstopp für Frankfurt – gedacht vor allem als Botschaft an den verunsicherten Teil der deutschen Bevölkerung, dem rasche Handlungsmöglichkeiten angesichts eines undurchsichtigen Problems signalisiert werden sollten.

Drei Jahre später sorgte der in umgekehrte Richtung zielende Ausländer-Erlaß der neuen hessischen Regierungskoalition von SPD und Grünen für politischen Wirbel: Entgegen den Vorstellungen der Bundesregierung, die das Nachzugsalter für ausländische Jugendliche im Rahmen der Familienzusammenführung auf sechs Jahre beschränken wollte, wurde in Hessen das Alter von bisher sechzehn auf achtzehn Jahre heraufgesetzt und so die Dispositionsmöglichkeiten der ausländischen Familien erweitert statt beschränkt. Im Frankfurter Wahlkampf von 1985 spielten dann auch Warnungen vor weiterer »Überfremdung« eine erhebliche Rolle. Diese Situation sollte sich vier Jahre später wiederholen und zuspitzen, als die NPD mit ihrem extrem ausländerfeindlichen Wahlkampf den Einzug in das Stadtparlament schaffen konnte.

Diese Tendenz zur politischen Polarisierung wurde in den achtziger Jahren durch zwei Entwicklungen gefördert, die die Einwanderungssituation in der Bundesrepublik noch einmal nachhaltig beeinflussen sollten: Asylsuchende und deutschstämmige Aussiedler aus den osteuropäischen Ländern begannen in größeren Zahlen hierher zu kommen – also Flüchtlinge, die wegen politischer oder ethnischer Verfolgung, wegen unmittelbarer

42 Frankfurter Neue Presse und FAZ vom 5. 1. 77

Kriegs- und Bürgerkriegssituationen, wegen einer desolaten wirtschaftlichen Lebenssituation oder wegen allem zusammengenommen ihre Heimatstaaten verlassen haben. Diejenigen, die sich auf deutsche Abstammung berufen konnten, wurden rasch eingebürgert und genossen eine besondere Fürsorge des Staates. Die anderen Asylsuchenden blieben in einem Schwebezustand, der nur für die Minderheit der dann im Sinne des Artikels 16 Grundgesetz anerkannten Flüchtlinge rechtlich beendet wurde. Der große Rest mußte sich entweder mit einer Aufenthaltsduldung zufriedengeben, zog in andere Länder weiter oder wurde abgeschoben.

Aus dem »Gastarbeiterproblem« war nun in der politischen Diskussion endgültig ein »Ausländer-, Asylanten- und Aussiedlerproblem« geworden – und je komplexer die Situation durch die immer differenziertere Entwicklung geworden war, desto lauter und gewalttätiger wurden die Forderungen nach schnellen und einfachen Lösungen. Seit über zehn Jahren wird um Beibehaltung oder Änderung des Asylrechts gestritten, das den Staat zur vorläufigen Aufnahme und Versorgung aller Asylsuchenden verpflichtet und damit einen Zuzug auch aus wirtschaftlicher Not de facto in Kauf zu nehmen zwingt.

Die entscheidenden Probleme der Einwanderungssituation werden durch diese Diskussion allerdings eher verdeckt als erhellt. Bereits mit Beginn der achtziger Jahre wurde nun langsam unübersehbar, daß es – bezogen auf eine Stadt wie Frankfurt mit über 20% ausländischen Bewohnern – bald nicht mehr um die Lösung von Integrationsproblemen einer kleinen Minderheit, sondern um die einer aus verschiedenen kleineren Minderheiten zusammengesetzten großen Minderheit gehen würde. 40% der Neugeborenen hatten ausländische Eltern, in der Gruppe der fünf- bis zehnjährigen Kinder waren es fast 50%. Zugleich hatten 33% der ausländischen Jugendlichen keinen Schulabschluß erreicht.[43] Die geburtenstarken deutschen Jahrgänge aus den beginnenden sechziger Jahren (unmittelbar vor dem »Pillenknick«) sind inzwischen in das Alter gekommen, wo sie ihrerseits Kinder bekommen – und so ist der Anteil der ausländischen Kinder

43 FAZ, Lokales, 2. 11. 81

unter den Neugeborenen im Moment auf 25% zurückgegangen, wird aber in den nächsten zehn Jahren wahrscheinlich wieder auf 30% ansteigen. Diese Zahlen beziehen sich auf das ganze Stadtgebiet – in einzelnen Stadtvierteln haben die ausländischen Kinder und Jugendlichen längst eine Mehrheit unter ihren Altersgenossen. Die Schul- und Ausbildungssituation dieser großen Minderheit bestimmt also auch die soziale Zukunft dieser Stadt, und so erscheint es um so gefährlicher, daß – etwas überspitzt gesagt – aus dem gegliederten Schulssystem ein Zweiklassenmodell geworden ist: Sonder-, Haupt- und Realschule als Regelschule für ausländische Kinder, Gymnasium als Bildungsstätte für die Mehrheit der deutschen, aber eine Minderheit der ausländischen Schüler. So hatten im Jahre 1990 die ausländischen Schüler und Schülerinnen aus den fünf größten Einwanderergruppen – Türken, ehemalige Jugoslawen, Italiener, Griechen, Marokkaner, die fast 80% aller ausländischen Schüler stellen – einen Anteil von 27% an allen Schulen insgesamt, aber nur von 12,5% an den Gymnasien.[44]

Die Koppelung von erfolgreichem Bildungs- und Ausbildungsdurchlauf mit sozialem Aufstieg war eines der wesentlichen Versprechen der deutschen Bildungspolitik nach dem Kriege gewesen, und dies hatte sich in der immer komplexer werdenden Industrie- und Dienstleistungsgesellschaft auch in vorher unbekanntem Maße durchgesetzt. Auf diesen Zug aufzuspringen wurde (und wird immer noch) einer Mehrheit der ausländischen Kinder aufgrund ihrer familiären Einwanderungssituation verwehrt. Sie haben nicht nur mit den sozialen Problemen von Menschen am unteren Ende der Einkommensskala zu kämpfen, sondern darüber hinaus auch mit großen kulturellen Differenzen zur tonangebenden Mehrheit (und zu den ebenso benachteiligten anderen Nationalitäten) fertigzuwerden sowie schließlich spezifische und schmerzliche Generationenkonflikte um die richtige Lebenshaltung in dieser komplizierten Situation durchzustehen.

Für die Menschen aus den »traditionellen« südeuropäischen Auswanderländern hat sich nun durch die jüngste internationale

---

44 Eigene Berechnungen aus den Angaben des Statistischen Jahrbuchs Frankfurt 1991, S. 140

Die häufigsten Staatsangehörigkeiten von in Frankfurt wohnenden Ausländern (Ende 1991)

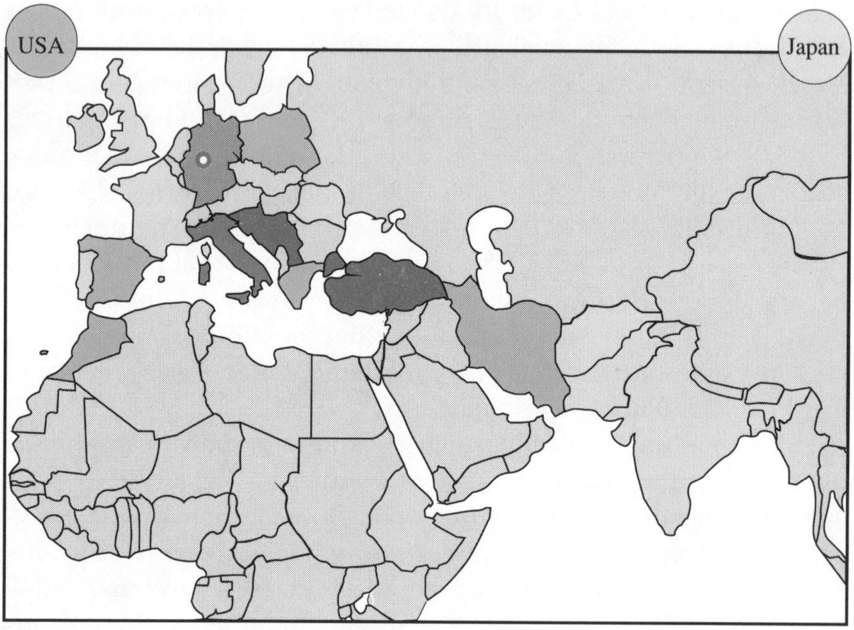

Staaten, von deren Angehörigen jeweils

30.000-34.000 16.000-17.000 4.000-9.000 1.200-3.200

in Frankfurt leben

Nach der Größe der Einwandererzahlen:
Ehemaliges Jugoslawien, Türkei, Italien, Griechenland, Marokko, Spanien, Polen, Iran, USA, Großbritannien, Österreich, Portugal, Frankreich, Äthiopien, Japan, Afghanistan, Indien, Pakistan, ehemalige Tschechoslowakei, Rumänien

Nach Angaben des Frankfurter Amts für Statistik, Wahlen und Einwohnerwesen

politische Entwicklung die Situation geändert und insgesamt eher erschwert. Mit dem Ende der sowjetischen Vorherrschaft in Osteuropa, mit der Öffnung des Eisernen Vorhangs haben sich neue Wanderungen von enormem Ausmaß ergeben: Etwa eine Million Deutsche aus der ehemaligen DDR sind inzwischen in die alten Bundesländer eingewandert, hinzu kommt eine unbekannte Anzahl von Polen und anderen Osteuropäern, die legal oder illegal hier Verdienstmöglichkeiten suchen. Die Politik muß nun im vereinigten Deutschland bisher nicht vorstellbare Integrationsprobleme lösen, auf die ein kleiner Teil der Gesellschaft mit nacktem Terror gegen alle Fremden antwortet und damit an historische Vorbilder vor allem aus diesem Jahrhundert anknüpft.

In Frankfurt jedenfalls hat die ausländische Einwanderung der vergangenen Jahrzehnte Fakten geschaffen, die ein politisches, soziales, wirtschaftliches Miteinander von Menschen der unterschiedlichsten Herkunft erzwingen. Mindestens 30% dürfte im Moment der Bevölkerungsanteil ohne deutsche Staatsbürgerschaft ausmachen, wenn man die amerikanischen Stationierungssoldaten, ihre Angehörigen und eine Dunkelziffer von illegalen Einwanderern zur offiziellen Zahl von 28,6% (über 180.000)[45] hinzurechnet. Unter diesen haben jeweils über 30.000 Menschen einen Paß der Türkei oder eines der Nachfolgestaaten des ehemaligen Jugoslawien und stellen damit die größten Gruppen,[46] gefolgt von mehr als zwanzig Nationalitäten, deren Angehörige über 1.200 Personen zählen.[47]

Frankfurt hat somit nicht nur viele ausländische Einwohner, sondern auch aus besonders vielen unterschiedlichen Ländern. Frankfurt hat auch nicht nur seine eigenen Bürger, sondern tagtäglich etwa 300.000 Einpendler (1961 waren es weniger als die Hälfte) aus der meist näheren Region, die hier arbeiten oder in Ausbildung sind und damit einen Teil ihres Lebens zubringen. Frankfurt hat aber nicht zuletzt auch eine unübersehbare An-

---

45 FAZ, Lokales, 17. 4. 93

46 FAZ, Lokales, 13. 7. 92

47 Auskunft des Frankfurter Amts für Statistik, Wahlen und Einwohnerwesen zum Stand vom 31. 12. 1991

»Multinationale« Clique im Frankfurter Gallusviertel (1992)

zahl in- und ausländischer Gäste, die vor allem zu Messezeiten die Stadt bevölkern. Doch ganz abgesehen von diesen wirklich Stadt-Fremden hat es in Frankfurt die Minderheit der »alteingesessenen« Frankfurter mit einer überwältigenden Mehrheit neuer Frankfurter zu tun: mit Deutschen aus allen Gebieten der alten Bundesrepublik und der bereits etwas fremderen Ex-DDR, mit noch fremderen deutschstämmigen Aussiedlern aus Osteuropa und Sibirien, mit Ausländern aus näheren und ferneren und noch ferneren Ländern. Die Mehrheit der Frankfurter hat in der Stadt keine oder keine lange familiäre Geschichte, und so gibt es nicht eine Polarität von Einheimischen und Fremden, sondern eine abgestufte Fremdheit zwischen vielen Minderheiten, für die eine deutsch geprägte städtische Infrastruktur (einschließlich der deutschen Sprache) zunächst der einzige gemeinsame, aber nach Bedarf und Vermögen unterschiedlich intensiv geteilte Bezugspunkt sein kann.

Selbstverständlich stellt sich ein großer Teil von Integrationsproblemen in dieser komplexen Situation für die Neufrankfurter deutscher Staatsangehörigkeit überhaupt nicht oder ist verhältnismäßig leicht zu lösen, weil sie an einer freien, d. h. rechtlich und kulturell selbstverständlich gewordenen innerstaatlichen Wanderungsbewegung teilnehmen. Für die ausländischen Bewohner der Stadt stellen sich Dinge jedoch je nach ihrem rechtlichen Status sehr unterschiedlich dar. Kommen sie oder ihre Familien aus Ländern der Europäischen Gemeinschaft, ist ihre Wanderung weitgehend ungehindert. Die anderen haben je nach den bilateralen nationalen Verträgen, nach der Dauer und nach dem Grund ihres Aufenthalts gestaffelte Rechte bzw. Schwierigkeiten. Der Charakter der internationalen Wanderungen und die Probleme einer integrierten internationalen Politik bedingen es, daß auch auf absehbare Zeit nur in Teilen eine Gleichbehandlung mit der nationalen Binnenwanderung erreicht werden wird. Frankfurt kann allerdings im Prozeß dieser Angleichung – bei allen Vorbehalten und Problemen in der Praxis – auch durch die Erfahrungen seiner Geschichte ein durchaus positives Beispiel geben.

Nachwort

Die Geschichte Frankfurts ist, wenn man die bisherigen Seiten Revue passieren läßt, stets durch Einwanderung geprägt worden, die als Prinzip der städtischen Entwicklung – des »Wachsens und Blühens«, wie man es früher genannt hätte – die Kommune in ihrer jetzigen Gestalt überhaupt erst möglich gemacht hat. Dies bedeutete für die städtische Gemeinschaft im Verlauf der historischen Epochen zugleich Kontinuität und Veränderung. Gleichgeblieben ist, daß aus wirtschaftlichen Gründen innen ein ständiger Bedarf nach neuen Menschen und außen eine ständige Attraktivität der Einwanderung herrschte. Gleichgeblieben ist auch, daß die politischen Strukturen der Stadt durch die Alteingesessenen geprägt sind, auch wenn die Zuwanderer demographisch dominierten. Einwanderung ist in der Regel zu amorph, um für ihre Akteure in der Stadtregierung eine eigene wirksame Vertretung entwickeln zu können. Gleichgeblieben ist ferner, daß die Einwanderung von den Einheimischen stets mit einem eher mißtrauischen oder feindseligen Auge betrachtet wurde, sofern sie diese Einwanderung als solche erkannt haben. Den Zuzug der deutschsprachigen, christlichen Bewohner der umliegenden Regionen nahmen sie kaum als bedrohlich wahr, weil diese Menschen nicht in ganzen Gruppen mit eigener sozialer Infrastruktur in ihre neue Stadt einzogen, sondern sich in das Netz der einheimischen Mehrheit einzuknüpfen versuchten. Nur wenn die Einwanderung an der Fremdartigkeit der neuen Bewohner identifizierbar wurde, begann die Furcht vor einer gefährlichen Konkurrenz.

Gleichgeblieben ist schließlich, daß die städtische oder sonst Verantwortung tragende Regierung den Ausgleich der unterschiedlichen Interessen organisieren mußte und viel von ihrem

Engagement abhing, ob in Konfliktsituationen Minderheiten vor gewaltsamen Angriffen der Mehrheit geschützt werden konnten. Denn gleichgeblieben ist auch, daß für kulturell unterschiedliche Mehr- und Minderheiten erst ein generationenlanger Prozeß zu einem neuen beidseitig akzeptierten Gleichgewicht führte und dieser erheblich länger dauerte, wenn die rechtliche Gleichberechtigung vorenthalten wurde.

Die vormoderne städtische Gesellschaftsordnung baute auf einem Neben- und Übereinander unterschiedlicher Gruppen auf, die sich nur auf dem Markt, nicht aber im Ehebett vermischten. Ständische Gliederung meinte eben auch eine zutiefst gespaltene Gesellschaft, in der Identitätsbildung nur in kleinen voneinander abgeschlossenen Zusammenhängen möglich war. Einwanderer mußten in einer solchen Gemeinschaft Anschluß finden – also Mitglieder einer bestimmten Zunft oder Gesellenbruderschaft werden – oder aber untereinander eine eigene gesellschaftliche Infrastruktur aufbauen. Das Schicksal der jüdischen Gemeinde Frankfurts ist für diesen Prozeß das eindeutigste Beispiel, war sie doch bis zur Aufklärung an ihrer religiös-kulturellen Eigenständigkeit ebenso stark interessiert wie die christliche Mehrheitsgesellschaft an ihrer aggressiven Ausgrenzung. Mit der Konfessionalisierung der christlichen Religion wurde im 16. Jahrhundert das Problem auch innerhalb der Mehrheitsgesellschaft akut und eine neue Grenzlinie in die Stadt eingezogen, die ebenfalls erst mit der Aufklärung ihre identitätsstiftende Wirkung zu verlieren begann.

Die Prinzipien der bürgerlichen Gleichheit in Verbindung mit der Massenmobilität der Industrialisierungsepoche haben jedoch die materiellen Grundlagen für ein neues Verständnis von städtischer Gemeinschaft geschaffen, in der alle Individuen freien Zuzug und freie Assoziationsmöglichkeit untereinander haben sollten – die Demokratisierung ist so auch die Folge der großen Einwanderungsbewegungen in die Städte gewesen. Zugleich aber entstand in jener Zeit der deutsche Nationalstaat, der auf der Suche nach seiner Identität Zugehörigkeiten und Ausgrenzungen nach einem Konzept des »Deutschen« zu bestimmen begann. Die Zuspitzung und Überschreitung dieses Konzepts hin zum Prinzip der »Rasse« im nationalsozialistischen Terrorstaat wurde schließlich vor allem den jüdischen Menschen zum tödlichen Verhängnis.

Insbesondere die Entwicklungen des Ersten und Zweiten Weltkriegs haben gewaltsam eine Internationalisierung weiter Lebensbereiche in Gang gesetzt, die sich nach dem Ende der nationalsozialistischen Herrschaft unter freieren Bedingungen und mit langfristigeren Folgen nach innen und nach außen fortsetzte. Beides – die Vermischung von Nationalitäten im Innern durch Zuwanderung und die politische Integration in der Europäischen Gemeinschaft – ist jetzt nach dem Zusammenbruch des Ost-West-Antagonismus und der Einigung Deutschlands in eine große Krise gekommen, weil nun der Zwang besteht, politisch die Grenzen des Nationalen und die Chancen des Internationalen neu zu bestimmen. Für das Zusammenleben von Menschen unterschiedlicher Herkunft bedeutet dies eine große Herausforderung, denn man muß sich auf neue Regeln der Kommunikation und der politischen Willensbildung einlassen, die in der europäisch-nationalstaatlichen Demokratie bisher noch nicht ausreichend entwickelt worden sind. Frankfurt ist wie die anderen Städte Europas mit vergleichbarer Struktur ein Ort, wo diese Kommunikation bereits wenigstens ansatzweise in der Praxis funktionieren muß, wenn nicht das Gemeinwesen an seiner eigenen Sozialstruktur scheitern soll. Es ist ein Ort, an dem alle Beteiligten – ob sie wollen oder nicht – die unmittelbare Nachbarschaft mit Menschen von jeweils anderer Herkunft zu akzeptieren haben und in dem, positiv gewendet, die Zusammensetzung der Bevölkerung aus fast allen Nationen dieser Erde Zeugnis sowohl für die kulturell-sozialen Unterschiede als auch für die Möglichkeit des Austausches und der Definition gemeinsamer Interessen gibt.

Literatur

Andernacht, D./Berger, E. (Hg.), Die Bürgerbücher der Reichsstadt Frankfurt 1401-1470 (Veröffentlichungen der Historischen Kommission der Stadt Frankfurt am Main 14), Frankfurt/M. 1978

Andernacht D./Sterling E. (Hg.), Dokumente zur Geschichte der Frankfurter Juden 1933-45, Frankfurt/M. 1963

Andernacht, D./Stamm, O. (Hg.), Die Bürgerbücher der Reichsstadt Frankfurt 1311-1400 und das Einwohnerverzeichnis von 1387 (Veröffentlichungen der Historischen Kommission der Stadt Frankfurt am Main 12), Frankfurt/M. 1955

Arnsberg, P., Bilder aus dem jüdischen Leben im alten Frankfurt, Frankfurt/M. 2. Auflage 1979

Ders., Die Geschichte der Frankfurter Juden seit der Französischen Revolution, hg. von H.-O. Schembs, 3 Bände., Darmstadt 1983

Backhaus, F., Die Einrichtung eines Ghettos für die Frankfurter Juden im Jahre 1462, in: Hessisches Jahrbuch für Landesgeschichte 39, 1989, S. 59-86

Backhaus, F./Karpf, E./Lenarz, M., Dokumente zur Geschichte der Frankfurter Juden bis 1800 [Arbeitstitel], erscheint 1994

Bade, K. J. (Hg.), Deutsche im Ausland – Fremde in Deutschland. Migration in Geschichte und Gegenwart, München 1992

Ders., Einheimische Ausländer: 'Gastarbeiter' – Dauergäste – Einwanderer, in: Ders. (Hg.), Deutsche im Ausland – Fremde in Deutschland. Migration in Geschichte und Gegenwart, München 1992, S. 393-400

Balser, F., Frankfurt am Main in der Nachkriegszeit und bis 1989, in: Frankfurt am Main, Die Geschichte der Stadt in neun Beiträgen (Veröffentlichungen der Historischen Kommission 17), Frankfurt 1991, S. 521-578

Battenberg, F., Das europäische Zeitalter der Juden, Zur Entwicklung einer Minderheit in der nichtjüdischen Umwelt Europas, 2 Bände, Darmstadt 1990

Bleicher, H., Statistische Beschreibung der Stadt Frankfurt am Main und ihrer Bevölkerung, Frankfurt 1895

Blum, E. M., Kultur, Konzern, Konsens. Die Höchst AG und der Frankfurter Stadtteil Höchst (wissen & praxis 36), Frankfurt 1991

Bothe, F., Beiträge zur Wirtschafts- und Sozialgeschichte der Reichsstadt Frankfurt, Altenburg 1906

Ders., Die Entwicklung der direkten Besteuerung in der Reichsstadt Frankfurt bis zur Revolution 1612-1614 (Staats- und sozialwissenschaftliche Forschungen 26,2) Leipzig 1906

Ders., Frankfurts wirtschaftlich-soziale Entwicklung vor dem dreißigjährigen Kriege und der Fettmilchaufstand (1612-1616), Teil 2 (Teil 1 nicht erschienen): Statistische Bearbeitungen und urkundliche Belege (Veröffentlichungen der historischen Kommission der Stadt Frankfurt a. M. 7), Frankfurt/M. 1920

Bott, H., Gründung und Anfänge der Neustadt Hanau 1596-1620, 2 Bände, Hanau 1970/71

Bücher, K., Die sociale Gliederung der Frankfurter Bevölkerung im Mittelalter (Berichte des Freien deutschen Hochstifts, NF 3), 1887, S. 149-172

Ders., Die Berufe der Stadt Frankfurt am Main im Mittelalter, 1914

Ders., Die Bevölkerung von Frankfurt am Main im XIV. und XV. Jahrhundert. Socialistische Studien, Tübingen 1886

Bücher, K./Schmidt, B. (Hg.), Frankfurter Amts- und Zunfturkunden bis zum Jahr 1612 (Veröffentlichungen der Historischen Kommission der Stadt Frankfurt am Main 6), 2 Bände., Frankfurt/M. 1914/15, Neudruck 1968

Bund, K., Frankfurt am Main im Spätmittelalter 1311-1519, in: Frankfurt am Main. Die Geschichte der Stadt in neun Beiträgen (Veröffentlichungen der Historischen Kommission 17), Frankfurt 1991, S. 53-150

Ders., 400 Jahre Niederländische Gemeinde Augsburger Confession zu Frankfurt am Main 1585-1985 (Begleitheft zur Ausstellung im Stadtarchiv Frankfurt vom 31.5. - 26. 6. 1985)

Burnitz, G., Die Bevölkerung der freien Stadt Frankfurt und ihres Gebietes. Nach den Originalaufnahmsacten der Volkszählung vom 3. Dezember 1858, in: Beiträge zur Statistik der freien Stadt Frankfurt Bd. 1, Heft 3, XIV, Frankfurt 1861, S. 1 ff.

Ders., Bevölkerungsverhältnisse der Freien Stadt Frankfurt aus den Jahren 1817 bis 1855, aus den amtlich mitgeteilten Bevölkerungslisten, in: Beiträge zur Statistik der freien Stadt Frankfurt, Bd. 1, Heft 1, S. 1858, S. 4 ff.

Dechent, H., Kirchengeschichte von Frankfurt am Main seit der Reformation, 2 Bände., Leipzig/Frankfurt/M. 1913/21

Dietz, A., Frankfurter Handelsgeschichte, 4 Bände., Frankfurt/M. 1910-25, Neudruck 1970-74

Dilcher, G., Zum Bürgerbegriff im späteren Mittelalter. Versuch einer Typologie am Beispiel von Frankfurt am Main, in: Über Bürger, Stadt und städtische Literatur im Spätmittelalter, hg. von J. Fleckenstein und K. Stackmann, Göttingen 1980, S. 59-105

Drüner, H., Im Schatten des Weltkrieges. Zehn Jahre Frankfurter Geschichte von 1814-1924, Frankfurt 1934

Drummer, H., »Dienst am Volk«. Nationalsozialistische Gesundheitspolitik in Frankfurt am Main, in: Vom »Stedearzt« zum Stadtgesundheitsamt. Die Geschichte des öffentlichen Gesundheitswesens in Frankfurt am Main, hg. vom Stadtgesundheitsamt Frankfurt, Frankfurt 1992, S. 85-111

Dies., Stadtarchiv Frankfurt am Main. Findbuch zum Bestand Niederländische Gemeinde Augsburger Confession 1585-1985. Repertorien Nr. 645 (Mitteilungen aus dem Frankfurter Stadtarchiv 9), Frankfurt 1988

Duchardt, H. (Hg.), Der Exodus der Hugenotten. Die Aufhebung des Edikts von Nantes 1685 als europäisches Ereignis, Köln/Wien 1985

Ders., Frankfurt am Main im 18. Jahrhundert, in: Frankfurt am Main. Die Geschichte der Stadt in neun Beiträgen (Veröffentlichungen der Historischen Kommission 17), Frankfurt 1991, S. 261-302

Ebrard, F. C., Die französisch-reformierte Gemeinde in Frankfurt am Main, 1554-1904, Frankfurt 1906

Ettlinger, S. F., Ele toldot, maschinenschriftlich o. J., Stadtarchiv Frankfurt, S 6a/60

Feuerbach, L., Paul Johann Anselm von Feuerbach. Biographischer Nachlaß, 2 Bände, Neudruck der 2. Auflage Leipzig 1853, Aalen 1973

Forstmann, W., Frankfurt am Main in Wilhelminischer Zeit 1866-1918, in: Frankfurt am Main, Die Geschichte der Stadt in neun Beiträgen (Veröffentlichungen der Historischen Kommission 17), Frankfurt 1991, S. 349-422

Frankfurt am Main. Die Geschichte der Stadt in neun Beiträgen (Veröffentlichungen der Historischen Kommission 17), Frankfurt 1991

Gerth, A., Kommunalpolitischer Umgang mit Fremden und anderen Minderheiten 1866-1933. Repertorien Nr. 723, hg. vom Institut für Stadtgeschichte Frankfurt, Frankfurt 1992

Gley, W., Grundriss und Wachstum der Stadt Frankfurt am Main: Eine stadtgeographische und statistische Untersuchung, in: Festschrift zur Hundertjahrfeier des Vereins für Geographie und Statistik zu Frankfurt am Main, hg. von W. Hartke, Frankfurt/M. 1936, S. 53-100

Haas, I., Reformation - Konfession - Tradition. Frankfurt am Main im Schmalkaldischen Bund 1536-1947 (Studien zur Frankfurter Geschichte 30), Frankfurt/M. 1991

Hagen, W., Das Gesundheitswesen der Stadt Höchst a. M..: in: Höchst am Main, hg. vom Magistrat der Stadt Höchst 1925, S. 60-66

Hausmann, B., Marginalisierung statt multikultureller Gesellschaft? Ausländer in Frankfurt a. M., in: Informationen zur Raumentwicklung, Heft 7/8, 1991, S. 439-445

Heckmann, F., Ethnische Minderheiten, Volk und Nation. Soziologische und inter-ethnische Beziehungen, Stuttgart 1992

Heil, J.: Vorgeschichte und Hintergründe des Frankfurter Progroms von 1349, in: Hessisches Jahrbuch für Landesgeschichte Bd. 41, 1991, S. 105-151

Heuberger, R./Krohn, H., Hinaus aus dem Ghetto . . . Juden in Frankfurt am Main 1800-1950, Frankfurt 1988

Jahns, S., Frankfurt am Main im Zeitalter der Reformation (um 1500-1555), in: Frankfurt am Main. Die Geschichte der Stadt in neun Beiträgen (Veröffentlichungen der Historischen Kommission 17), Frankfurt 1991, S. 151-204

Jaritz, G./Müller A. (Hg.), Migration in der Feudalgesellschaft (Studien zur historischen Sozialwissenschaft 8), 1988

Jung, R., Die englische Flüchtlingsgemeinde in Frankfurt a. M., 1554-1559 (Frankfurter Historische Forschungen 3), Frankfurt/M. 1910

Jütte, R., Obrigkeitliche Armenfürsorge in deutschen Reichsstädten der frühen Neuzeit. Städtisches Armenwesen in Frankfurt am Main und Köln (Kölner Historische Abhandlungen 31), Köln/Wien 1984

Kaiser, E./Knorn, M., Die Adlerwerke und ihr KZ-Außenlager. Rüstungsproduktion und Zwangsarbeit in einem Frankfurter Traditionsbetrieb, in: 1999. Zeitschrift für Sozialgeschichte des 20. und 21. Jahrhunderts 7, 1992, S. 11-42

Kaltwasser, I., Häusliches Gesinde in der Freien Stadt Frankfurt am Main. Rechtsstellung, soziale Lage und Aspekte des sozialen Wandels 1815-1866 (Studien zur Frankfurter Geschichte 26), Frankfurt 1988

Karpf, E., Das Pogrom an den Frankfurter Juden im Jahre 1241, in: »Groß war bei der Tochter Zion's Jammer und Klage«. Die Ermordung der Frankfurter Juden im Jahre 1241 (Schriften des Jüdischen Museums Frankfurt 1), erscheint 1994

Kleßmann, C., Einwanderungsprobleme im Auswanderungsland: das Beispiel der 'Ruhrpolen', in: K. J. Bade (Hg.), Deutsche im Ausland – Fremde in Deutschland. Migration in Geschichte und Gegenwart, München 1992, S. 311-324

Klötzer, W., Antwerpen und Frankfurt am Main, in: ders., »Wahrlich eine schöne und lebendige Stadt« (Archiv für Frankfurts Geschichte und Kunst 60), 1985, S. 316 ff.

Ders., Frankfurt am Main von der Französischen Revolution bis zur preußischen Okkupation 1789-1866, in: Frankfurt am Main, Die Geschichte der Stadt in neun Beiträgen (Veröffentlichungen der Historischen Kommission 17), Frankfurt 1991, S. 303-348

Koch, R. (Hg.), Brücke zwischen den Völkern. Zur Geschichte der Frankfurter Messe, 3 Bände., Frankfurt/M. 1991

Ders., Grundlagen bürgerlicher Herrschaft. Verfassungs- und sozialgeschichtliche Studien zur bürgerlichen Gesellschaft in Frankfurt am Main 1612-1866 (Frankfurter Historische Abhandlungen 27), Wiesbaden 1983

Ders., Bürger, Beisasse, Fremde, Juden - Zur Herrschaftsordnung der freien Reichsstadt Frankfurt am Main im 18. Jahrhundert, in: Wahl und Krönung in Frankfurt am Main. Kaiser Karl VII. 1742-1745, Ausstellungskatalog Frankfurt 1986, S.35-43

Kracauer, I., Die Geschichte der Judengasse in Frankfurt am Main, in: Festschrift der Realschule der israelitischen Gemeinde (Philantropin), 1904, S. 303-463

Ders., Geschichte der Juden in Frankfurt am Main 1150-1824, 2 Bände., Frankfurt/M. 1925/27, Neudruck o. D.

Ders., Die Juden Frankfurts im Fettmilch'schen Aufstand 1612-1618, in: Zeitschrift für die Geschichte der Juden in Deutschland, Bd. 4, 1890, S. 127 ff., 319 ff., Bd. 5, 1891, S. 1 ff.

Kugelmann, C., Juden in Frankfurt nach 1945, in: Heuberger, R./Krohn, H., Hinaus aus dem Ghetto . . . Juden in Frankfurt am Main 1800-1950, Frankfurt 1988

Lerner, F., Eine Statistik der Handwerksgesellen zu Frankfurt am Main vom Jahre 1762, in: Ders., Mit Gunst, Meister und Gesellen eines ehrbaren Handwerks. Gesammelte Beiträge zur Frankfurter Handwerksgeschichte (Schriften des Historischen Museums 18), 1987, S. 92 ff., zuerst erschienen in: Vierteljahrsschrift für Wirtschafts- und Sozialgeschichte 22, 1929, S. 174-193

Maurer, T., Ostjuden und deutsche Juden im Kaiserreich und der Weimarer Republik: Ergebnisse der Forschung und weitere Fragen, in: Geschichte in Wissenschaft und Unterricht 39, 1988, S. 523-542

Dies., Ostjuden in Deutschland 1918-1933, Hamburg 1986

Meinert, H., Die Eingliederung der niederländischen Glaubensflüchtlinge in die Frankfurter Bürgerschaft 1554-1596. Auszüge aus den Frankfurter Ratsprotokollen (Veröffentlichungen der Frankfurter Historischen Kommission), Frankfurt 1981

Meinert., H./Dahmer, W. (Hg.), Protokollbuch der Niederländischen Gemeinde, hg. und übersetzt von H. Meinert und W. Dahmer, Frankfurt 1977

Meyn, M., Die Reichsstadt Frankfurt vor dem Bügeraufstand von 1612 bis 1614. Struktur und Krise (Studien zur Frankfurter Geschichte 15), Frankfurt/M. 1980

Museum Judengasse. Katalog zur Daueraustellung (hg. vom Jüdischen Museum Frankfurt), Frankfurt 1992

Orth, E., Freiheit und Stadt: Der Fall Frankfurt, in: Die abendländische Freiheit vom 10. zum 14. Jahrhundert, hg. von J. Fried, Sigmaringen 1991, S. 435-460

Dies., Frankfurt am Main im Früh- und Hochmittelalter in: Frankfurt am Main. Die Geschichte der Stadt in neun Beiträgen (Veröffentlichungen der Historischen Kommission 17), Frankfurt 1991, S. 9-52

Panzer, M. A., Sozialer Protest in süddeutschen Reichsstädten 1485 bis 1525. Anhand der Fallstudien: Regensburg, Augsburg und Frankfurt am Main (Miscellane Bavarica Monacensia, H. 104), München 1982

Press, V., Die Reichsstadt in der altständischen Gesellschaft, in: Neue Studien zur frühneuzeitlichen Reichsgeschichte (Zeitschrift für historische Forschungen, Beiheft 3), Berlin 1987, S. 9-42

Rebentisch, D., Frankfurt am Main in der Weimarer Republik und im Dritten Reich, in: Frankfurt am Main. Die Geschichte der Stadt in neun Beiträgen (Veröffentlichungen der Historischen Kommission 17) Frankfurt 1991, S. 423-519

Ders., Industrialisierung, Bevölkerungswachstum und Eingemeindungen. Das Beispiel Frankfurt am Main 1870-1914, in: J. Reulecke (Hg.), Die deutsche Stadt im Industriezeitalter, Wuppertal 1978, S. 90-113

Roosbroeck, R. van, Emigranten. Nederlandse Vluchtelingen in Duitsland 1550-1600, Leuven 1968

Roth, R., » ... der blühende Handel macht uns alle glücklich ...«. Frankfurt am Main in der Umbruchszeit 1780-1825, in: Vom alten zum neuen Bürgertum. Die mitteleuropäische Stadt im Umbruch 1780-1820, hg. von L. Gall, München 1991, S. 357-408

Rürup, R., Judenemanzipation und bürgerliche Gesellschaft in Deutschland, in: Ders., Emanzipation und Antisemitismus. Studien zur Judenfrage der bürgerlichen Gesellschaft, 1975, S. 11-36

Schäfer, R., Förderung von »Handel und Wandel« in Kurmainz im 18. Jahrhundert, Höchst 1968

Schalles-Fischer, M.: Pfalz und Fiskus Frankfurt. Eine Untersuchung zur Verfassungsgeschichte des fränkisch-deutschen Königtums (Veröffentlichungen des Max-Planck-Instituts für Geschichte 20), Göttingen 1969

Schanze, R., Sprache und Gesellschaft in Frankfurt am Main. Studien zum Frankfurter Wörterbuch (Studien zur Frankfurter Geschichte 21), Frankfurt/M. 1988

Scharff, F., Die Niederländische und Französische Gemeinde in Frankfurt, in: Archiv für Frankfurts Geschichte und Kunst 10, 1882, S. 245-317

Schembs, H. O., Bibliographie zur Geschichte der Frankfurter Juden 1781-1945, Frankfurt/M. 1978

Ders., Der Börneplatz in Frankfurt am Main. Ein Spiegelbild jüdischer Geschichte, Frankfurt/M. 1987

Schilling, H., Niederländische Exulanten im 16. Jahrhundert. Ihre Stellung im Sozialgefüge und im religiösen Leben deutscher und englischer Städte (Schriften des Vereins für Reformationsgeschichte 187), Gütersloh 1972

Schindling, A. Wachstum und Wandel vom Konfessionellen Zeitalter bis zum Zeitalter Ludwigs XIV. Frankfurt am Main 1555-1685, in: Frankfurt am Main. Geschichte der Stadt in neun Beiträgen (Veröffentlichungen der Historischen Kommission 17), Frankfurt 1991, S. 205-260

Schlotzhauer, I., Ideologie und Organisation des politischen Antisemitismus in Frankfurt am Main 1880-1914 (Studien zur Frankfurter Geschichte 28), Frankfurt 1989

Schlüter, M., Die sogenannte erste Frankfurter Judenschlacht. Der Pogrom von 1241 in der jüdischen Überlieferung, in: »Groß war bei der Tochter Zion's Jammer und Klage«. Die Ermordung der Frankfurter Juden im Jahre 1241 (Schriften des Jüdischen Museums Frankfurt 1), erscheint 1994

Schmidt, A., Stadtarchiv Frankfurt am Main. Provisorisches Findbuch zum Bestand Französisch Reformierte Gemeinde, Repertorien Nr. 654, (Mitteilungen aus dem Frankfurter Stadtarchiv), Frankfurt 1988

Schneidmüller, B., Eine Pfalzstadt in der Krise: Frankfurt am Main im Jahr 1241, in: »Groß war bei der Tochter Zion's Jammer und Klage«. Die Ermordung der Frankfurter Juden im Jahre 1241 (Schriften des Jüdischen Museums Frankfurt 1), erscheint 1994

Schunder, F., Das Reichsschultheißenamt in Frankfurt am Main bis 1372, in: Archiv für Frankfurts Geschichte und Kunst 42, 1954, S. 7-99

Schudt, J., Jüdische Merckwürdigkeiten . . . sammt einer vollständigen Franckfurter Juden-Chronick . . . mit historischer Feder in drey Theilen beschrieben . . ., II. Teil, Frankfurt / Leipzig 1714

Schwind, F., Die Landvogtei in der Wetterau. Studien zu Herrschaft und Politik der staufischen und spätmittelalterlichen Könige (Schriften des Hessischen Landesamts für geschichtliche Landeskunde 35), Marburg 1972@

Soliday, G. L., A Community in Conflict. Frankfurt Society in the 17th and early 18th Centuries, Hanover/New-Hampshire 1974

Statistische Beschreibungen der Stadt Frankfurt a. M. und ihrer Bevölkerung (1. Th.), bearbeitet von H. Bleicher, in: Beiträge zur Statistik der Stadt Frankfurt a. M., NF, 1892, S. 121ff.

Statistisches Handbuch der Stadt Frankfurt am Main (hg. vom Statistischen Amt), 1. Ausgabe 1907 ff.

Toch, M., Siedlungsstrukturen der Juden Mitteleuropas im Wandel vom Mittelalter zur Neuzeit, in: Juden in der christlichen Umwelt während des späten Mittelalters, hg. von Alfred Haverkamp und Franz-Josef Ziwes (Zeitschrift für historische Forschung, Beiheft 13), 1992, S. 29-39

Unna, J., Statistik der Frankfurter Juden bis zum Jahre 1866, Frankfurt 1931

Von Zuwanderern zu Einheimischen. Hugenotten, Juden, Böhmer, Polen in Berlin, hg von S. Jersch-Wentzel und B. John, Berlin 1990

Wertheimer, J., Unwelcome Strangers. East European Jews in Imperial Germany, New York 1987

Wesoly, K., Lehrlinge und Handwerksgesellen am Mittelrhein. Ihre soziale Lage und ihre Organisation vom 14. bis zum 17. Jahrhundert (Studien zur Frankfurter Geschichte 18), Frankfurt 1985

Witzel, G., Gewerbegeschichtliche Studien zur niederländischen Einwanderung in Deutschland im 16. Jahrhundert, Westdeutsche Zeitschrift für Geschichte und Kunst 29, 1910, S. 117-181

Register